O que é um filho de Deus?

Omraam Mikhaël Aïvanhov

O que é um filho de Deus?

Tradução
Clóvis Marques

Revisão técnica
Laura Uplinger

Coleção Izvor

NOVA ERA

CIP-BRASIL. CATALOGAÇÃO-NA-FONTE
SINDICATO NACIONAL DOS EDITORES DE LIVROS, RJ

Aïvanhov, Omraam Mikhaël, 1900-1986

A258d   O que é um filho de Deus? / Omraam Mikhaël Aïvanhov; tradução: Clóvis Marques; revisão técnica: Laura Uplinger. – Rio de Janeiro: Nova Era, 2010.

-(Izvor)

Tradução de: Qu'est-ce qu'un fils de Dieu?
ISBN 978-85-7701-310-4

1. Jesus Cristo – Interpretações do movimento esotérico Nova Era. 2. Grande Fraternidade Branca. I. Título. II. Série.

09-5980

CDD: 232.9
CDU: 27.312

Texto revisado segundo o novo Acordo Ortográfico da Língua Portuguesa.

Título original francês:
QU'EST-CE QU'UN FILS DE DIEU?

Copyright da tradução © 2009 by EDITORA BEST SELLER LTDA
Copyright © 2001 by Éditions Prosveta S.A.

Adaptação de capa: Sense Design
Editoração eletrônica: Abreu's System

Publicado mediante acordo com Éditions Prosveta S.A.
Todos os direitos reservados. Proibida a reprodução, no todo ou em parte, sem autorização prévia por escrito da editora, sejam quais forem os meios empregados, com exceção das resenhas literárias, que podem reproduzir algumas passagens do livro, desde que citada a fonte.

Direitos exclusivos de publicação em língua portuguesa para o Brasil adquiridos pela EDITORA NOVA ERA um selo da EDITORA BEST SELLER LTDA. Rua Argentina 171 — Rio de Janeiro, RJ — 20921-380 — Tel.: 2585-2000 que se reserva a propriedade literária desta tradução

---

Impresso no Brasil
ISBN 978-85-7701-310-4

Seja um leitor preferencial Record.
Cadastre-se e receba informações sobre nossos lançamentos e nossas promoções.

Atendimento e venda direta ao leitor:
mdireto@record.com.br ou (21) 2585-2002

Como o ensinamento do Mestre Omraam Mikhaël Aïvanhov é estritamente oral, esta obra, dedicada a um tema específico, foi redigida a partir de conferências improvisadas.

SUMÁRIO

I. "Eu vim para que tenham vida"................... 9

II. O sangue, veículo da alma 25

III. "Quem quiser salvar a sua vida
vai perdê-la"... 35

IV. "Deixa os mortos sepultar os
seus próprios mortos"................................... 45

V. "Deus amou o mundo de tal maneira
que enviou o seu filho Unigênito"............... 57

VI. Jesus, soberano sacrificador segundo
a ordem de Melkitsedek 79

VII. O homem Jesus e o princípio
cósmico de Cristo... 91

VIII. Natal e Páscoa: duas páginas do
livro da natureza.. 113

IX. O nascimento da Criança Cristo 119

X Jesus morto e ressuscitado? 133

XI. O sacrifício de Jesus na cruz:
o poder do sangue 145

XII. "Do seu interior correrão
rios de água viva" 155

XIII. Um filho de Deus é irmão
de todos os homens 171

XIV. Povoar a Terra com filhos
e filhas de Deus 193

Referências bíblicas 203

I

"EU VIM PARA QUE TENHAM VIDA"

No "Sermão da Montanha" Jesus dirige-se aos discípulos, assim como à multidão de homens e mulheres que o haviam seguido, e lhes ensina a orar. Diz a eles: "Portanto, orai vós deste modo: Pai nosso que estás no Céu..."

Então, reflitamos. O que nos permite chamar um homem de "pai"? O fato de reconhecermos quem nos transmitiu a vida. Os filhos reconhecem no pai aquele de quem receberam a vida, e o pai vê nos filhos o prolongamento de sua própria existência. Vida... Portanto, se quisermos saber o que Jesus tinha em mente ao apresentar a relação dos seres humanos com Deus como uma relação de filhos para pai, devemos nos debruçar sobre esse imenso e misterioso campo que é a vida.

Por toda parte existe vida, toda a natureza vive, todos os seres são vivos, e, no entanto, como são poucos os homens e as mulheres que sabem o que é a vida! Quando estão passando por dificuldades, infelicidades, eles exclamam: "Fazer o que... é a vida!"

Entendem a vida como algo exterior, que devem suportar passivamente. Insucessos, acidentes, doenças, sofrimentos, "é a vida!". Se amaram, casaram-se e, agora, divorciam-se, e, mais uma vez, "é a vida!". Não, a vida não é isso. Eles chamam de vida uma sucessão de erros, fraquezas, fracassos, sem se darem conta de que foram eles que produziram essa existência lamentável. O Criador havia prescrito uma outra vida para eles!

Jesus dizia: "O ladrão não vem senão para roubar, matar e destruir; eu vim para que tenham vida, e a tenham em abundância." De que vida estamos falando? Nós já estamos vivos!... Foram essas palavras de Jesus que me levaram a tantas explorações no âmbito da vida. Leia atentamente os Evangelhos e você verá que Jesus só fala da vida. Por isso é necessário sempre retornar a essa questão da vida, para estudá-la sob todas as suas formas.

Os seres humanos buscam o poder, a riqueza, o conhecimento, o amor... Mas não, é a vida que devem buscar. Vocês dirão: "Mas por que buscar a vida? Já a temos, estamos vivos. O que precisamos buscar é aquilo que não temos." Vocês estão vivos, é verdade, mas a vida não é a mesma em todos os seres, a vida tem graus. Do mineral até Deus, passando pelos vegetais, os animais, os homens, os anjos, tudo está vivo. Não basta viver, é preciso perguntar a si mesmo que tipo de vida se está vivendo. Por sua conformação física, o homem, naturalmente, leva uma vida de homem. Mas no seu interior a vida pode assumir formas e cores infinitas. A vida a que Jesus se refere e deseja levar a todos os seres humanos é a vida divina, semelhante a uma corrente que brota pura e límpida da Fonte original.

A vida costuma ser comparada ao fluir da água. E quanta diferença entre a água da nascente, no alto da montanha, e aquela que chega à desembocadura do rio, depois de receber todo tipo de sujeira e produtos tóxicos! Essa água de que os homens tanto precisam para viver — mais necessária até que o alimento (podemos ficar mais tempo sem comer do que sem beber) — é uma fonte de regeneração, mas também causa de morte. Quando um rio chega à planície e atravessa uma grande cidade, ninguém teria a ideia de beber nele para matar a sede. Sim, vejam o Sena em Paris... Não quero nem descrever tudo que foi atirado nele ao longo de seu percurso. É sempre o mesmo curso d'água, mas não é mais a água pura que brotou lá no alto da montanha!

Pura ou poluída, a água continua sendo água, como a vida continua sendo vida; mas nada é mais vivificante que a água pura, ao passo que a água poluída traz a morte. Ainda hoje, quantas pessoas não ficam doentes e morrem por ter bebido água poluída!

A vida brota no seio de Deus e desce para dar de beber a todas as criaturas. Mas os seres humanos não têm consciência do caráter sagrado presente nela, eles sujam a vida de Deus, a água de Deus. Espantados, vocês se perguntam: "Mas como é que poderíamos sujar a vida divina?" Toda vez que lhes falta sabedoria, amor, desinteresse, é como se estivessem jogando lixo no rio do Senhor. E o rio não protesta, ele aceita tudo, para ajudar os seres humanos.

Guardemos a imagem do rio, pois ela nos esclarece sobre essa unidade infinita que é a vida. Entre a fonte e a foz de um rio, quantas regiões diferentes não foram atravessadas, e que enorme diferença, portanto, na qualidade da água! No entanto, é o mesmo rio. Quando falamos da vida é preciso ter consciência de que nela está abarcada a totalidade das existências. Nada nem ninguém pode prescindir da vida. É dessa vida que se alimentam todas as criaturas, e isso quer dizer que se alimentam da vida umas das outras. Então, não se surpreenda se eu disser que, num nível ou noutro, cada um come e é comido.

É muito fácil de entender: quando vocês são tomados por pensamentos e sentimentos egoístas, injustos e maus, é como se tivessem se alimentado nas regiões inferiores da vida. Aceitando esses pensamentos e esses sentimentos, vocês os fortalecem; mas não apenas os fortalecem, pois, como os pensamentos e sentimentos também emitem ondas que se propagam, vocês projetam emanações insalubres que servem de alimento a outras pessoas e mesmo às entidades infernais. Ao pas-

"Eu vim para que tenham vida" 13

so que quando se esforçam por cultivar pensamentos e sentimentos de harmonia e generosidade vocês não só se ligam às entidades superiores como esse alimento divino vai nutrir outras criaturas, criaturas luminosas, e é assim que vocês viverão com elas, pois as terão alimentado.

A vida é feita de transformações, de incessantes transferências de uma criatura para outra. Cada um absorve a vida dos outros e, em troca, também os alimenta com sua própria vida. Portanto, sejam vigilantes, sabendo que só depende de vocês o alimento que vão receber e aquele que vão dar, de quem vai recebê-lo e a quem vão dá-lo. Tanto as criaturas angélicas quanto as diabólicas podem alimentar-nos ou se alimentar de nós.

Vocês dirão que os demônios estão no inferno e que é impossível que nos alimentemos deles ou que eles se alimentem de nós... Mas como é que vocês imaginam o inferno? Onde ele fica? Ele também faz parte do rio da vida; apenas, não está na fonte, mas na desembocadura, e também é alimentado pela vida divina. Deus é a fonte da vida, foi Ele que tudo criou, e nada nem ninguém existe fora Dele. Todo ser vivo vive a vida de Deus. Assim sendo, devemos aceitar que esses seres que chamamos de demônios também tenham recebido a vida Dele. Pois eles vivem, não podemos negá-lo, e se Deus não lhes retira a vida, é porque aceita sua existência.

A luz, o amor, a paciência de Deus alimentam todas as criaturas. Naturalmente, as que não permane-

14   O QUE É UM FILHO DE DEUS?

cem junto a Ele privam-se dessas bênçãos. Mas são elas que se privam, não é o Senhor que as retirou delas. Alguns ficarão escandalizados com a maneira como apresento o inferno e os demônios. Pois bem, não adianta ficar escandalizado, é preciso raciocinar. Se as entidades tenebrosas não obtiveram sua vida de Deus, de quem a receberam? Acaso a teriam criado elas mesmas ou a receberam de um outro Criador? Se Deus não é o único dono da vida, isso significaria que tampouco é o único dono do universo, e, portanto, não é todo-poderoso. Vejam só quantas contradições... Portanto, entendam que, se os espíritos infernais receberam a vida de Deus, também se alimentam da vida de Deus. Mas qual é o alimento que recebem? Certamente, não é o mesmo alimento dos anjos, mas as cascas, os detritos deixados por outras criaturas à medida que a água do rio se afasta da Fonte; pois nessas cascas ainda sobram algumas partículas da vida lá do alto.

É preciso que isso fique bem claro. Deixando a Fonte divina, o rio da vida desce, e ao descer atravessa as regiões chamadas pelos cristãos de hierarquias angélicas, e pelos cabalistas de sephiroth. Mas a vida que sai de Deus não se detém aí, compreendendo também, mais embaixo, as regiões designadas pelos cristãos como "inferno" e pelos cabalistas como "kliphoth", cujo significado é crosta, casca. Essas regiões ainda contêm alguns átomos da vida oriunda de Deus, é preciso repeti-lo sempre, pois não pode existir nenhuma vida fora de Deus. Se houvesse uma vida fora de Deus, é porque haveria um outro criador, e nesse caso teríamos o direito de sair em sua busca: o primeiro não sendo todo-poderoso, teríamos motivo para procurar um outro.[1]

E como essa questão da unidade da criação não foi claramente explicada pela Igreja, homens e mulheres quiseram pôr-se a serviço de Satã para combater o Senhor. Quanta ignorância! Que vitória imaginavam obter? Eles não sabiam que iriam absorver todas as imundícies, todos os restos caídos da vida divina. Mas que benefício, hein?!

No plano físico, um malfeitor, um monstro pode comer o alimento mais suculento e servi-lo a seus convidados. Mas no plano psíquico só podemos comer ou dar de comer um alimento que se assemelhe a nós, que corresponda ao que somos em nosso coração, nosso intelecto, nossa alma e nosso espírito. Atraímos aquilo que tem afinidade conosco e damos aquilo que emana de nós. E de acordo com a qualidade desse alimento, nos fortalecemos, nos enriquecemos... ou então nos debilitamos.

"O ladrão não vem senão para roubar, matar e destruir; eu vim para que tenham vida..." Por que será que Jesus opõe as intenções do ladrão às suas próprias? O ladrão vem para tomar e Jesus vem para dar. E se ele vem para dar a vida é porque esse ladrão ao qual se opõe vem para tomá-la. Quem é esse ladrão

16 O QUE É UM FILHO DE DEUS?

que vem furtar os seres humanos? Na realidade, são muitos ladrões, e dos mais diferentes tipos. Alguns estão do lado de fora, mas muitos estão sobretudo neles mesmos: são os desejos e as ambições que eles se mostram sempre dispostos a satisfazer, sacrificando o que têm de mais precioso: a vida, a vida divina.

Vocês certamente leram no Antigo Testamento a história dos dois filhos de Isaac: Esaú e Jacó. Esaú, o mais velho, passava o dia caçando ou trabalhando no campo, enquanto Jacó se ocupava tranquilamente na tenda. Certo dia, retornando do campo cansado e faminto, Esaú encontrou Jacó preparando uma sopa de lentilha. Incapaz de resistir ao alimento, ele cedeu a Jacó seu direito de primogenitura, em troca de um prato de lentilha. Perder o direito de primogenitura, com as honrarias e vantagens decorrentes, por uma sopa de lentilha — que troca mais desproporcional! Mas trata-se de mais um relato simbólico que precisa ser interpretado.

Aceitando abrir mão de seu direito de primogenitura para poder imediatamente saciar a fome, Esaú é o ser humano disposto a sacrificar o que lhe confere grande valor aos olhos de seu Pai celeste em troca de prazeres imediatos. Devemos entender o direito de primogenitura num sentido bem amplo; não é questão de ir agora dizer aos primogênitos de todas as famílias que não devem nem pensar em abrir mão das prerrogativas de sua posição. Estou aqui falando a vocês sobre o plano espiritual, não a respeito do plano físico.

Nas famílias terrenas, existe necessariamente o filho que nasceu primeiro, o segundo e o terceiro etc., pois estamos no plano físico, e no plano físico, regido pelas leis do espaço e do tempo, há sempre uma ordem, uma classificação: um objeto depois do outro, uma pessoa depois da outra; eles não podem apresentar-se todos juntos ao mesmo tempo, no mesmo lugar. Mas no plano espiritual, na família divina, os seres humanos ocupam todos a mesma posição. Todos desfrutam, portanto, do "direito de primogenitura", ou seja, da condição de filhos e filhas de Deus. Depende apenas deles conscientizarem-se disso e trabalharem para preservar sua posição. Só aquele que põe em primeiro lugar seus apetites, seus instintos, perde essa condição de filho de Deus: seu pai não é mais Deus ou o Espírito Santo, mas essa entidade que é chamada por Jesus, nos Evangelhos, de Mammon, e que não passa de um outro aspecto desse mesmo Satã que veio tentá-lo no deserto.[2]

A sopa de lentilha representa a satisfação do estômago, mas a fome também é sinônimo de todos os apetites, de todas as cobiças. Quantas outras fomes não impelem os seres humanos a se atirar sobre outras satisfações, fazendo-os perder seu direito de primogenitura, sua dignidade de filhos de Deus! Toda vez que um ser cede a um instinto — gulodice, sensualidade, cólera, ciúme, ambição, ódio — está vendendo seu di-

18   O QUE É UM FILHO DE DEUS?

reito de primogenitura, sua realeza interior, por um
prato de lentilhas, e com isso empobrece, submete-se,
torna-se escravo. Ele deu algo de extremamente precioso em si mesmo, partículas da vida divina, em troca de uma coisa que não valia a pena.

E mais tarde, quando Isaac, à beira da morte, quer
dar a bênção a Esaú, sua mulher, Rebeca, dá um jeito
para que Jacó receba a bênção. Quando Esaú chega,
é tarde demais, Isaac deu tudo a Jacó, e pode apenas
dizer: "Eis que o tenho posto por senhor sobre ti, e
todos os seus irmãos lhe tenho dado por servos; e de
trigo e mosto o tenho fortalecido; que te farei, pois,
agora, meu filho?" Esaú já não é senhor de si mesmo, foi a seu irmão que Isaac deu o trigo e o vinho...
O trigo e o vinho... O trigo, de que é feito o pão, e
o vinho: será por acaso que aí estão os dois alimentos simbólicos que Melkitsedek trouxera a Abraão e
que Jesus dará a seus discípulos ao despedir-se deles?
Quantas coisas não poderíamos descobrir na Bíblia
se soubéssemos interpretar todas essas narrativas e,
principalmente, relacioná-las umas às outras!

Ao dizer "Eu vim para que tenham vida" Jesus nos
obriga a tomar consciência de que nossa compreensão da vida é insuficiente. Nós recebemos a vida e
vivemos... Nós a utilizamos, tomamos dela para satisfazer nossos desejos e necessidades, julgando assim
nos desenvolver, quando na verdade nos debilitamos.

"Eu vim para que tenham vida"

E Deus, que nos deu a vida para que sejamos fortes, belos, poderosos, luminosos, na plenitude, vê apenas seres infelizes, franzinos, pálidos, encolhidos.

Portanto, se há uma coisa que eu compreendi, é que a única ciência que vale a pena ser estudada é a ciência da vida. E gostaria de convencê-los, pois todos os outros temas que abordarão, todas as outras atividades que empreenderão só poderão realmente proporcionar-lhes algo se vocês tiverem entendido essa realidade essencial: a vida. A consideração que vocês têm por essa vida divina que receberam determina a qualidade do seu comportamento e das suas ocupações.

Os seres humanos se esgotam na busca do poder, do sucesso, do prestígio, do dinheiro. Admitamos que os obtenham (o que nem é certo), mas desperdiçam sua vida nesse processo, que lhes resta? Eles transformam a vida num meio de obter tudo que desejam, quando, pelo contrário, deveriam considerá-la como um objetivo, valendo-se de todas as faculdades para fortalecer, esclarecer e purificar a vida neles próprios. Em vez de estudar a vida, eles estudam a doença e a morte. A vida é assim por eles debilitada, diminuída. E no entanto, sem a vida nada há. Não nego o valor de certas aquisições, mas é graças à ciência da vida que cada coisa encontra lugar e sentido.

É a vida que alimenta o intelecto, o coração e a força de vontade. Quando o homem preserva essa vida em si mesmo, seu intelecto compreende, seu coração ama e se alegra, sua força de vontade cria e se revigora. Caso contrário, seu intelecto se entorpece, seu coração esfria e sua força de vontade vacila. Sem a vida, não existe mais a possibilidade da ciência, da arte, da filosofia. Por isso é que lhes digo que a ciência da vida é a chave de todas as realizações. Ampliem a vida, limpem a fonte em vocês, para que a água corra mais livremente: poderão então encher os reservatórios e enviar essa vida ao intelecto, que será esclarecido, ao coração, que se abrirá para as dimensões do universo, e à força de vontade, que se tornará criadora, incansável.

A vida é como a gasolina em um carro: se não tiver mais gasolina ou se você colocar no tanque qualquer outro líquido, ele não andará; porém não falta nenhuma peça!... A vida também pode ser comparada ao sangue: o sujeito mais vigoroso torna-se inanimado se for privado de seu sangue. Mas pergunte a alguém: "O que você faz da sua vida? Por acaso pensa em preservá-la, em torná-la mais forte, mais rica?" A pessoa olhará para você com espanto, pois, para ela, preservar a vida significa apenas não se expor imprudentemente aos perigos e se tratar quando está doente. No resto do tempo, a vida lhe serve para correr atrás dos prazeres, das aquisições materiais, para ganhar dinheiro ou prestígio. Esse ignorante não sabe ainda que o verdadeiro dinheiro é a sua própria vida.

Sim, a vida é dinheiro! E um dinheiro que permite fazer compras em lojas muito melhores que as lojas daqui da Terra.

Os seres humanos gostam de dinheiro porque, instintivamente, sentem que ele representa todas as possibilidades que lhes são proporcionadas pela vida. Mas existe aí uma confusão: eles tomaram o ouro, símbolo da vida, o ouro que vem do sol, pela vida em si mesma.[3] Assim como a vida dá tudo, o ouro (ou, digamos, o dinheiro, já que é a palavra de uso mais corrente) também dá tudo, e é por isso que eles lhe conferem uma importância que já não são capazes de dar à vida. Pois perderam a vida. Tremem ante a ideia de que lhes possam tirar seu dinheiro, tomando precauções inimagináveis para protegê-lo. Vejam os bancos: tornaram-se verdadeiras fortalezas, nada é mais vigiado e protegido que as caixas-fortes. Mas por que será que os seres humanos não tremem igualmente ante a ideia de perder a vida, essa quintessência de Si mesmo que Deus introduziu em nós e que nos faz seus filhos e filhas? Como somos seus filhos e filhas, todas as riquezas do universo também nos pertencem. Não seria mais desejável que perder a vida em busca de algumas ninharias?...

O dinheiro é a expressão material de todas as possibilidades que a vida nos oferece, sim, mas apenas a expressão material. É necessário aprender a transpô-lo para os outros planos — afetivo, mental, espiritual —

O que é um filho de Deus?

para obter nesses planos o equivalente do que podemos obter no plano físico.

A vida é como o óleo para a lâmpada,[4] a água para o moinho, a gasolina para o automóvel, a corrente elétrica para a usina, o sangue para o organismo. É ela que permite que tudo funcione. Mas, apesar disso, é a mais ignorada, a mais desprezada. "Como?", pergunta alguém. "Eu considero a vida o bem mais precioso. Ontem à noite um assaltante me abordou no escuro, numa esquina, ameaçando: 'A bolsa ou a vida!' Óbvio que eu entreguei a bolsa." Muito bem, isto é verdade, quando a questão se apresenta assim, é a vida que escolhemos. Mas em outras circunstâncias não pensamos nela, a desperdiçamos, a depreciamos. É preciso ser posto contra a parede para entender. Antes, porém, as pessoas não têm consciência, desperdiçam a vida na busca de satisfações e vantagens que nunca são tão importantes quanto a vida em si. Para ganhar alguns trocados, para ter o prazer de se vangloriar de alguns sucessos, quantas pessoas são capazes de desperdiçar a própria vida! Em sua balança interior, diante do pouco que ganharam, elas nunca pensam em avaliar os tesouros de vida que perderam.

E para quantos homens e mulheres a vida só tem interesse quando vivida nos excessos! Preferem até matar-se, desde que possam viver sensações intensas... Será que se perguntam se foi para isso que Deus lhes deu a vida, e se não haveria outras maneiras de viver intensamente?... Não, a maioria dos seres humanos tem uma concepção da vida que os conduz à morte, à morte física ou espiritual, e, muitas vezes, às duas. Claro, todos morreremos um dia, mas isso nunca nos deve impedir de estudar a única verdadeira ciência: a ciência da vida. É a vida o que temos em comum com Deus e com tudo que existe no universo. Portanto, é nos tornando vivos que entramos em comunicação com Deus, com todas as criaturas e com o universo.

Querem vocês, então, tornar-se mais vivos? Querem que sua vida se torne mais intensa em suas vibrações, em suas emanações? Entre os milhares de conselhos que posso lhes dar, guarde pelo menos um. Tomem consciência de toda a vida que existe ao redor, e tratem de respeitá-la como uma manifestação da vida divina. Se pelo menos os homens aprendessem a respeitar essa vida nos outros, ao redor deles, já seria um grande progresso. Mas como é que eles consideram uns aos outros? Quando se encontram, será que pensam: "Eis uma criatura que, como eu, contém uma parcela da Divindade; então, devo tratar de respeitá-la, de protegê-la"? Não, não, muitas vezes eles se veem apenas como sombras ou autômatos; maltratam uns aos outros, procuram servir-se uns dos outros como se fossem objetos ou instrumentos, e quando se sentem demasiado incomodados, um logo trata de eliminar o outro. Mas que vida esperam ter com tal comportamento?

Tornar-se vivo é despertar para as manifestações infinitas da vida ao nosso redor, saudar as pessoas que encontramos, ver nelas a centelha de vida divina, agradecer-lhes por tudo que fazem por nós, às vezes sem que sequer o saibamos. Tornar-se vivo é maravilhar-se sempre, ver sempre os seres e as coisas como se fosse a primeira vez. Sim, isso é tornar-se vivo da vida do próprio Deus. Como esse é o vínculo mais forte que nos une a Deus, para sermos verdadeiros filhos e filhas de Deus devemos trabalhar para tornar divina nossa própria vida. É possível encontrar a verdadeira religião nas igrejas, mas ela está, antes de mais nada, na vida, cabendo portanto a nós estabelecer uma relação consciente com todas as melhores manifestações da vida.

Notas
1. Cf. "*Vous êtes des dieux*" [Vocês são deuses], Parte V, cap. 1: "Dieu au-dessus du bien et du mal" [Deus acima do bem e do mal].
2. Op. cit., Parte II, cap. 2: "Nul ne peut servir deux maîtres" [Ninguém pode servir a dois senhores] e cap. 3: "Les trois grandes tentations" [As três grandes tentações].
3. Cf. "*Cherchez le Royaume de Dieu et sa Justice*" [Procurai o Reino de Deus e sua Justiça], Parte IV, cap. 6: "À l'origine de l'or, la lumière" [Na origem do ouro, a luz].
4. Cf. "*Vous êtes des dieux*" [Vocês são deuses], Parte VII, cap. 2, II: "L'huile de la lampe" [O óleo da lâmpada].

II

O SANGUE, VEÍCULO DA ALMA

QUEM PENSA NA vida, pensa naturalmente no sangue, esse líquido nutritivo que circula no corpo de muitas espécies animais e no corpo humano. Perder o sangue é perder a vida; oferecer o próprio sangue é oferecer a própria vida. E como o sangue é o símbolo da vida, desempenhou um papel importante em todas as religiões do mundo, especialmente naquelas em que era considerado um veículo da alma. Verter o sangue animal e mesmo o sangue humano no altar dos deuses era o maior sinal de respeito e submissão que se poderia manifestar-lhes: devolvia-se, assim, a vida que eles haviam dado. O sangue é um tema extremamente rico, que demandaria horas e horas de desenvolvimento e explicações. No momento, gostaria de deter-me numa prática muito antiga e que ainda hoje vigora: a circuncisão.

Podemos ler no Evangelho: "Quando se completaram os oito dias para a circuncisão do menino, foi-lhe dado o nome de Jesus, conforme o chamou o anjo, antes de ser concebido." Jesus, portanto, foi circuncidado de acordo com o costume dos antigos hebreus, obedecendo à recomendação de Deus a Abraão: "Fareis circuncidar a carne de vosso prepúcio, e esse será o sinal da aliança entre mim e vós. Quando completarem oito dias, todos os vossos machos serão circuncidados." Não tenho conhecimento detalhado das diferentes maneiras como se praticou e se pratica ainda hoje a circuncisão, nem que sentido exatamente lhe terá sido dado pelas diferentes culturas e religiões. Mas posso dizer-lhes como é que eu a entendo, do ponto de vista mais elevado da Ciência Iniciática.

A circuncisão é chamada no Antigo Testamento de "sinal da aliança", pois representa a consagração do órgão pelo qual se transmite a vida dada por Deus; e ao mesmo tempo a criança recebe seu nome, pois é no nome que se expressa a quintessência de um ser e de seu destino. A circuncisão é uma operação acompanhada de um sangramento. Esse sangue que deixa o corpo de um recém-nascido é considerado puro, e como provém dos órgãos genitais é impregnado de fluidos poderosos. O sacerdote que era iniciado nos mistérios sagrados sabia como recolher esse sangue e o conservava zelosamente, guardando-o num lugar reservado, assim como ao pedacinho de carne cortado, o prepúcio, pois ainda estava ligado à criança. Havia um vínculo mágico entre o pedaço de carne, o sangue e a criança.

O SANGUE, VEÍCULO DA ALMA

A primeira função da circuncisão era levar os pais a consagrar os filhos ao Senhor, para que se tornassem instrumentos de Sua vontade, e dessa maneira o povo se preparava para a vinda do Messias. Graças a essa consagração a criança era apadrinhada por influências celestes, entidades a acompanhavam, tomavam conta dela. O menino consagrado por um sacerdote esclarecido e puro tornava-se um servidor de Deus. E em certas festas do ano o Grão-sacerdote benzia esse sangue, assim como os prepúcios, com isso projetando forças benéficas que agiam favoravelmente nas crianças. Por meio desse rito os sacerdotes, é claro, tinham os homens sob sua autoridade. Enquanto foram movidos por um ideal de justiça e amor pelo povo, trabalharam por ele, mas nos períodos em que perderam esse ideal, valeram-se dessas práticas para firmar seu próprio poder.

Um ato é por si mesmo neutro, tudo depende do significado que lhe é atribuído e do objetivo com que é executado. Esse rito instituído por Abraão e inscrito por Moisés na Lei tinha certamente três motivos: o primeiro era estimular o desejo sexual, para aumentar o número de nascimentos. Os hebreus estavam sempre em guerra contra vizinhos mais numerosos que eles e que ameaçavam aniquilá-los: quanto maior fosse o número de nascimentos, mais meninos haveria para se tornar guerreiros. O segundo motivo era submeter os homens à vontade do sacerdócio. E o terceiro, o mais importante, era consagrá-los ao serviço de Deus, consagrando as gotas de sangue escorridas desse órgão pelo qual a vida é transmitida.

Até o mais ignorante dos homens sabe que o sangue é um líquido infinitamente precioso e que aquele que perde seu sangue perde também a vida. Que há, então, no sangue, que o torna tão precioso?... Na realidade, esse líquido que circula em nosso organismo é uma materialização do fluido universal que circula em toda a criação. Assim como esse fluido nutre o organismo cósmico, o sangue nutre nosso corpo. Ele é uma síntese da vida universal, pois em sua composição, de glóbulos vermelhos e glóbulos brancos, encontramos simbolicamente os dois princípios, masculino e feminino, que são os dois grandes princípios da criação.

Enquanto circula no interior do corpo, o sangue está protegido, como num recipiente fechado. Mas a partir do momento em que escapa do corpo, pelo motivo que for, ele evapora, como qualquer líquido; ou seja, partículas etéricas ficam suspensas no ar. E essas partículas são vivas, elas conservam algo desses elementos que fazem com que o sangue seja portador da vida. Por isso servem de alimento para as entidades invisíveis. Nada se perde no universo, e sempre há criaturas que se empenham em nutrir-se da vida que exala de algumas gotas de sangue.

O SANGUE, VEÍCULO DA ALMA

Essa propriedade do sangue de exalar eflúvios de que se nutrem as entidades do mundo invisível era conhecida já na mais alta Antiguidade. Os Iniciados, os sacerdotes, usavam o sangue das vítimas oferecidas em sacrifício aos deuses para invocar entidades celestes ou infernais: essas entidades atendiam ao seu chamado porque se alimentavam desse sangue. Tais fatos estão relatados na literatura: podemos ler narrativas a respeito na *Odisseia* de Homero e na *Eneida* de Virgílio. E entre aqueles que assistiam a essas cenas, alguns, psiquicamente mais desenvolvidos, eram capazes de ver as entidades que vinham beber do sangue derramado pelos bois, ovelhas, cordeiros e pássaros imolados aos deuses.

Hoje, em todos os países do mundo, sacrifícios semelhantes são praticados, sobretudo pelos feiticeiros e na magia negra (na magia branca não se sacrificam seres vivos, nem mesmo animais, para oferecer seu sangue como alimento às entidades do mundo invisível). Mas não abordarei esse tema, ele não me interessa e inclusive é perigoso. Se lhes falo do poder mágico do sangue é porque precisamos conhecê-lo, mas também para adverti-los. O sangue contém muitas matérias preciosas que podem servir de alimento aos indesejáveis. Por isso, quando perdemos sangue, da maneira que for, não devemos permitir que seja secado ou limpado antes de tê-lo consagrado, através do pensamento, a um uso benéfico, protegendo-o as-

30 O QUE É UM FILHO DE DEUS?

sim dos atos das entidades maléficas do plano astral, pois tudo que essas entidades desejam é se alimentar dessas emanações para se fortalecer.[1]

Por que, por exemplo, Moisés deu orientações rigorosas a respeito da mulher durante a menstruação? É dito: "Quando uma mulher tiver um fluxo de sangue, que seja o fluxo de sangue do seu corpo, permanecerá durante sete dias na impureza das suas regras. Quem a tocar ficará impuro até a tarde"... Continua uma longa enumeração de casos em que a mulher, perdendo sangue, fica impura, e das precauções que ela deve tomar nesses períodos. Não sei como é que os judeus encaram hoje em dia todas essas prescrições dadas por Moisés para as mulheres. O que sei é que elas foram baseadas no conhecimento a respeito das propriedades do sangue de atrair entidades, especialmente entidades tenebrosas do mundo astral, que vêm alimentar-se das emanações do sangue humano e intrometer-se na vida das pessoas, provocando perturbações.

A experiência psíquica pela qual a mulher passa durante a menstruação está ligada aos mistérios da vida e da morte. Não vou entrar nos detalhes anatômicos e fisiológicos desse processo. No que diz respeito às explicações que devo dar-lhes, quero apenas chamar atenção para o fato de que, nesse momento, a mulher expele não só a célula reprodutora, o óvulo — que, não tendo sido fecundado, não poderá tornar-se

O SANGUE, VEÍCULO DA ALMA

um ser vivo —, mas também a substância, o sangue, que o teria nutrido. Morto o óvulo, uma vez que não foi fecundado, é, de certa forma, um cadáver que ela expele. Como deixaria ela de sentir tristeza e melancolia? É natural que essa perda a torne psiquicamente mais vulnerável.

Ao mesmo tempo em que expele o óvulo morto, a mulher perde o sangue portador de vida que estava destinado a nutrir uma criança. É esse sangue que atrai as entidades inferiores do plano astral desejosas de se aproveitar das energias nele contidas para se fortalecer e dar prosseguimento a seus empreendimentos maléficos entre os seres humanos. Por esse motivo é que Moisés dera orientações rigorosas a respeito da mulher durante esse período, e podemos encontrar as mesmas proibições em outras religiões e culturas. Mas convém continuar atendo a essas proibições?

Assim como o homem é um representante do Pai celeste, a mulher é uma representante da Mãe divina,[2] e não é sua menstruação que a torna impura, mas os pensamentos e sentimentos negativos aos quais ela pode vir a se entregar durante esses poucos dias em que se encontra psiquicamente vulnerável. O fenômeno da menstruação, em si, é neutro, nada tem de impuro, trata-se apenas de um processo fisiológico. Mas é a própria mulher que é pura ou impura, dependendo de como alimente sua cabeça e seu coração. E se ela se entrega à raiva, ao ciúme, ao ódio, à sensualidade, as entidades astrais apoderam-se das emanações exaladas por seu sangue e podem usá-las para prejudicá-la e prejudicar também os seres que a cercam.

Mas esse poder de atrair e alimentar pelo próprio sangue entidades tenebrosas a mulher também o tem para atrair e alimentar entidades luminosas. Tanto quanto o homem, a mulher pode servir-se da força do pensamento, que é filho do espírito, para fazer triunfar a luz. Ela é capaz de dominar as correntes negativas que fluem nela, transformando-as em influências benéficas e orientando-as para o bem da humanidade inteira. Por enquanto, a mulher ainda ignora as forças nela depositadas pela natureza; e o homem não tem feito grande coisa para ajudá-la a se conscientizar disso. Muito pelo contrário, tem mesmo se esforçado para mantê-la na ignorância e na dependência. Chegou o momento de a mulher saber que pode fazer grandes coisas graças ao poder do sangue, um sangue que deve consagrar a Deus e às entidades luminosas do mundo invisível. Consagrando o seu sangue, ela desempenha um ato da mais elevada magia e se manifesta como verdadeira filha de Deus.

Alguns dirão: "Mas o que você está dizendo? Está querendo nos levar para a magia? Que horror! Nós somos cristãos, jamais nos entregaremos a essas prá-

O SANGUE, VEÍCULO DA ALMA

ticas. A magia é coisa do Diabo." Tudo bem, como quiserem. Existem no mundo seres perversos que utilizam tranquilamente esses conhecimentos para fazer o mal, e quando se oferece aos cristãos a possibilidade de usá-los para o bem, eles ficam ofendidos.[3] Diante de pessoas tão ignorantes e acovardadas, os praticantes de magia negra podem esfregar as mãos: têm campo livre para seus empreendimentos maléficos.

Quantas coisas carecem de sentido para vocês e passam despercebidas porque não foram educados para compreender seu significado e seu valor! Mas os Iniciados mantêm-se atentos a tudo, em toda parte veem a mão de Deus, o poder de Deus. E numa gota de sangue descobrem a quintessência da matéria, os princípios dos quatro elementos: terra, água, ar e fogo.

O sangue representa a vida que circula no universo. Quando sabemos considerá-lo, chegamos a sentir que em nós ele é aquilo que mais se aproxima da luz. Pois o sangue é vida, "e a vida é a luz dos homens", afirma São João no início de seu Evangelho. Essa luz, que é a própria matéria da criação,[4] pois Deus criou o mundo chamando-a, está condensada em nosso sangue. Devemos, portanto, manter-nos muito atentos e considerar o sangue com imenso respeito, por que é luz condensada, a vida divina condensada. E assim como o sangue sempre retorna ao coração, nossa vida deve retornar ao coração do universo: o Criador.

Hoje em dia muitos tendem a ver a circuncisão como uma prática ultrapassada. Isso simplesmente porque não compreendem o que é a vida e o papel que os seres humanos devem desempenhar em sua preservação, em sua espiritualização. Se tivessem esse conhecimento, não ficariam tão espantados ou chocados com essa prática. Eu não sou contra nem a favor. Apenas explico. No contexto em que surgiu, ela tinha sua razão de ser; pode agora ser mantida ou abandonada, tudo depende da compreensão que dela tiverem os seres humanos.

Notas

1. Cf. "*Vous êtes des dieux*" [Vocês são deuses], Parte V, cap. 3: "Le mal est comparable à des locataires..." [O mal é como um inquilino...].
2. Cf. "*Cherchez le Royaume de Dieu et sa Justice*" [Procurai o Reino de Deus e sua Justiça], Parte VIII, cap. 2, II: "L'homme et la femme, reflets des deux principes masculin et féminin" [O homem e a mulher, reflexos dos princípios masculino e feminino].
3. Op. cit., Parte VI, cap. 3: "La magie divine" [A magia divina].
4. Op. cit., Parte II, cap. 1, II: "Que la lumière soit!" [Haja luz!]

III

"QUEM QUISER SALVAR A SUA VIDA VAI PERDÊ-LA"

EM TODAS AS religiões encontramos a crença de que as divindades exigem que os homens lhes façam sacrifícios. Ao longo da história, esses sacrifícios tomaram formas diferentes: sacrifícios humanos, sacrifícios de animais, de vegetais, de alimentos, de objetos, e o próprio Jesus ofereceu-se em sacrifício. E, então, nós, cristãos, que devemos fazer?...

Ao jovem rico que lhe perguntava que práticas deveria observar para alcançar a vida eterna, Jesus respondeu: "Vende aquilo que possuis, dá aos pobres e siga-me." Mas o rapaz se afastou entristecido, pois o que Jesus lhe pedia estava acima de suas forças. Deveríamos então concluir que a condição exigida por Jesus para poder segui-lo seja a de nos livrarmos realmente de tudo que possuímos para dar aos pobres? Alguns o fizeram, mas nem todos só por isso seguiram melhor Jesus. De nada serve renunciar às coisas materiais cuja posse nos estorva e anuvia nosso olhar, se não nos livrarmos também dos pensamentos, sentimentos e desejos que, esses sim, nos estorvam e anuviam mais ainda nosso olhar interior.

É um grande mérito dispor-se a renúncias e sacrifícios, mas renunciar a quê? Sacrificar o quê? É isso que os seres humanos têm dificuldade de compreender. Pois o fato é que, seja no plano material ou no plano psíquico, a palavra "renúncia" lhes dá medo. Eles têm medo da renúncia como temem a morte. Certo, renunciar é permitir que alguma coisa morra em nós, privando-a de alimento, e ante essa ameaça de morte uma parte de nós se revolta. No entanto, queiramos ou não, trata-se de um dilema ao qual não podemos escapar: a vida e a morte estão tão estreitamente ligadas que tanto na existência quanto no ser humano sempre há alguma coisa que deve morrer para que outra possa viver.

Podemos começar por fazer esta observação no terreno da saúde. Quantos doentes, ouvindo do médico a recomendação de parar de fumar ou de beber, não ficam com a impressão de que, se seguirem esses conselhos, perderão o gosto pela vida e tudo deixará de ter sentido para eles! Sim, pois temos aí duas concepções da vida que entram em conflito: a da vida instintiva e a da vida sensata. E quantas pessoas não põem a própria vida em risco porque precisam de emoções fortes que lhes deem a sensação de viver mais intensamente![1] Para viver uma coisa é preciso

"Quem quiser salvar a sua vida vai perdê-la" 37

renunciar a outra. Não é possível submeter o corpo a todo tipo de excessos e ao mesmo tempo preservar a saúde.

Devemos escolher a forma de vida que queremos privilegiar, pois não podemos viver tudo ao mesmo tempo. Aquele que, a pretexto de viver mais intensamente ou de maneira mais agradável, não respeita as leis da vida física, adoece e morre. E o que é verdade no plano físico também é no plano psíquico. Mas as palavras "vida" e "morte" só evocam espontaneamente nos seres humanos ideias de vida e morte físicas, embora, na realidade, elas expressem apenas aspectos muito limitados desses dois processos. E se eles sabem o que significam a vida e a morte no plano físico, no que diz respeito ao plano psíquico, espiritual, não há clareza alguma: eles não sabem quando estão mortos e quando estão vivos.

É quando renunciamos a formas inferiores de vida que nos tornamos cada vez mais vivos. Senão, aquilo que chamamos de vida é, na realidade, a morte. Bem ou mal, sempre podemos dizer que estamos vivos. Mas também podemos dizer que, invariavelmente, morremos durante a própria vida: se não morremos para a burrice, morremos para a sabedoria; se não morremos para o ódio, morremos para o amor. Podemos dar a isso o nome que quisermos. A vida e a morte caminham juntas: ao longo da nossa existência, nossas escolhas são sempre entre a vida

38 O QUE É UM FILHO DE DEUS?

e a morte, entre uma forma de vida e uma forma de morte. E aquilo que uns chamam de vida, outros chamam de morte.

Cada problema que devemos resolver diz respeito, de uma maneira ou de outra, a essa questão: a que devemos renunciar (morrer) para viver? E a essa interrogação Jesus deu uma resposta formidável: "Quem quiser salvar a sua vida vai perdê-la; mas quem perder a sua vida por minha causa vai salvá-la." Para viver, devemos então fazer o sacrifício de nossa vida. Mas se existe uma palavra que os seres humanos não querem ou não podem aceitar é justamente a palavra "sacrifício". Que fazer, meu Deus, para que eles entendam que é no sacrifício — e unicamente no sacrifício — que encontrarão a salvação, a verdadeira vida?

Podemos ler no Antigo Testamento que as vítimas sacrificadas no fogo dos altares emitiam ao arder um perfume agradável às narinas do Senhor. Se tomarmos tais palavras literalmente, é algo monstruoso. Que Deus é esse que é ávido pelo odor de gorduras queimando? Mas há também outras passagens que revelam uma melhor compreensão do sacrifício. Como nos Provérbios: "Fazer justiça e julgar com retidão é mais aceitável ao Senhor do que oferecer-lhe sacrifício." E em Isaías é o próprio Deus que se irrita com os sacrifícios: "Estou farto dos holocaustos de carneiros e da gordura de animais cevados; e não me

"Quem quiser salvar a sua vida vai perdê-la" 39

agrado do sangue de novilhos, nem de cordeiros ou de bodes... Lavai-vos, purificai-vos! Tirai diante dos meus olhos a maldade dos vossos atos."

Hoje em dia as religiões judaico-cristãs baniram os sacrifícios de animais, e já não se queimam bois nem ovelhas nos altares. E, no entanto, o fogo continua presente nas igrejas e nos templos, pois se continua a queimar incenso e a acender velas e círios. O incenso é uma matéria que oferecemos ao fogo para ser transformada e que, ardendo, exala um perfume. A prática de queimar incenso só tem um significado se o fiel entendeu que esse ato reflete outros processos que ele pode desencadear em si mesmo: superar suas fraquezas, seus pesares, purificar sua própria matéria, transformá-la pelo fogo divino, para que emanem de sua alma os perfumes mais deliciosos. Caso contrário, de que serviria? Espalhar perfumes agradáveis para os assistentes é muito bom, mas não basta. E a prova é que, nessa passagem de Isaías que acabo de citar, Deus também diz: "Não continueis a trazer ofertas vãs; o incenso é para mim abominação."

E qual é a função das velas e círios? Servem para iluminar as igrejas. Não, se a questão fosse apenas iluminar as igrejas, bastaria a eletricidade. Mas, apesar desta, velas e círios continuam sendo acesos. Também aqui o rito só tem sentido se o fiel entendeu que, tal como a cera é consumida para manter a chama acesa, também nele deve ser queimada uma matéria para manter a luz interior e fazer com que a Divindade ouça sua oração e a atenda.

Então, como cultivar o fogo em nós? Sacrificando nossos animais interiores. E eles não faltam! Pois no plano astral abrigamos em nós não só ovelhas, bois, touros, bodes etc., mas também lobos, raposas, tigres, serpentes, escorpiões, aranhas... Sim, toda uma coleção de bichos exóticos, um verdadeiro zoológico, uma floresta virgem! Quantos animais perigosos não se encontram no homem sob a forma de defeitos, vícios, tendências instintivas destruidoras! São eles que Jesus nos ensina a sacrificar, para liberar energias que poderemos utilizar para o nosso trabalho interior.

As funções do fogo são múltiplas. O fogo participa de todas as operações químicas, funde metais, cozinha os alimentos para torná-los próprios ao consumo, aquece-nos, ilumina nosso ambiente, purifica. De igual modo, no plano espiritual, o sacrifício tem as mesmas funções que o fogo. Toda vez que vocês fizerem um sacrifício, estarão acendendo um fogo. Decidam, por exemplo, abrir mão de um mau hábito: uma matéria começa a ser consumida e libera uma energia que poderá ser utilizada no seu trabalho espiritual. O sacrifício é um dom que vocês fazem de si mesmo, para receber em troca energias mais puras que lhes permitirão ir mais longe, mais alto. Fazer um sacrifício sempre é, de uma maneira ou de outra, derramar o próprio sangue, mas num outro plano. Por isso o sacrifício é um ato mágico: graças a ele temos todas as possibilidades de construir algo de útil, de belo, de grande em nosso coração e em nossa alma, assim como no coração e na alma de todos os seres.

A grandeza do sacrifício, algo em que vale a pena meditar, é sua capacidade de operar transformações. Até a matéria mais vil pode ser transformada. É o que lhes tenho mostrado com frequência, dando o exemplo da lenha utilizada para fazer fogo. Então, se a imagem da lenha convém mais a vocês que a dos animais, pensem que existe em vocês velhos ramos inúteis (pensamentos, sentimentos, desejos que os paralisam e se opõem a sua evolução) que vocês podem sacrificar para gerar calor e luz. Por que considerar sempre o sacrifício como algo triste e doloroso? Pelo contrário, devemos ver o sacrifício como algo alegre: ele nos proporciona calor, nos traz luz, e o que há de mais alegre que a luz?[2]

A vida é uma combustão. Para estar vivo é preciso cultivar constantemente o fogo em si mesmo. Essa combustão, que é um fenômeno físico, também é uma realidade psíquica, espiritual. Diariamente temos dentro de nós uma matéria a queimar, ou animais a sacrificar, para produzir calor e luz. É um fenômeno tão real que certas pessoas sentiram algo nelas se consumindo, como se estivessem queimando todo tipo de matérias desconhecidas e inúteis; elas saíam dessa experiência mais leves, regeneradas, mais vivas.

As pessoas dizem "se sacrificar" como se fosse abandonar, perder alguma coisa. Quando alguém faz um sacrifício, não "se" sacrifica, mas sacrifica algo inútil, prejudicial, inferior, para alcançar algo grande, forte, precioso. Se não sacrificamos o que é interior em nós mesmos para dar vida ao que é superior, sacrificaremos necessariamente o que possuímos de melhor, em prol dos instintos mais grosseiros. É impossível escapar a essa lei: nossa natureza superior só pode viver se sacrificarmos nossa natureza inferior em benefício dela; enquanto uma se vivifica, a outra se consome. Assim é que devemos entender as palavras de Jesus: "Quem quiser salvar a sua vida vai perdê-la, mas quem perder sua vida por minha causa vai salvá-la." Entender essas palavras significa também — e sobretudo — querer realizá-las.

"Saber, querer, ousar, calar." Ao formular esse princípio, que pode ser considerado a quintessência do conhecimento iniciático, o sábio não especificou o que se deveria saber, querer e ousar. Deixou campo livre ao pensamento e à reflexão, e cabe a nós descobrir quão vastas são suas aplicações. Uma delas é justamente a questão do sacrifício.

É preciso "saber" o que representa o processo do sacrifício, assim como o que devemos sacrificar. Mas não basta saber, é preciso "querer" fazer esse sacrifício.

Além disso, é preciso "ousar", ou seja, aceitar o esforço e as dificuldades, engajar-se valentemente nessa via, com a consciência de que não perderemos nada, mas, ao contrário, ganharemos algo precioso. E finalmente "calar", pois mais vale não ostentar as riquezas que se adquiriu por meio desses sacrifícios. Ao mesmo tempo em que beneficiamos os seres humanos com nossas riquezas interiores, é melhor jogar um véu por cima delas, caso contrário corremos o risco de gerar em certas pessoas reações de incompreensão e hostilidade. Ocorre exatamente assim: você verá que será muitas vezes mais fácil ajudar as pessoas se elas não souberem o quanto você é rico, interiormente rico.

Só aquele que compreendeu o que é o sacrifício pode tornar-se um verdadeiro filho de Deus. Trabalhando diariamente sobre si mesmo ele transforma a matéria, sua própria matéria. Cada vez mais seus pensamentos, seus sentimentos e seus atos vibram em harmonia com a vontade divina, e seu Pai celeste se reconhece nele.

Notas

1. Cf. *"Vous êtes des dieux"* [Vocês são deuses], Parte VI, cap. 4: "Du mouvement à la lumière: remplacer le plaisir par le travail" [O movimento para a luz: substituir o prazer com o trabalho].
2. Op. cit., Parte VI, cap. 3: "Le feu du sacrifice" [O fogo do sacrifício].

IV

"DEIXA OS MORTOS SEPULTAR OS SEUS PRÓPRIOS MORTOS"

O ENSINAMENTO DE JESUS é um ensinamento da vida, um ensinamento da vida divina. A compreensão que tinha da vida é que fez de Jesus um verdadeiro filho de Deus. Fico sempre maravilhado diante da profundidade dessa compreensão, quando ele diz a um homem encontrado no caminho: "Segue-me, e deixa os mortos sepultar os seus próprios mortos." Se a frase for tomada literalmente, o que Jesus diz é monstruoso, pois ele parece aconselhar que deixemos os corpos de nossos parentes e de nossos amigos sem sepultura... Pior ainda, essa frase não tem o menor sentido: como é que mortos poderiam enterrar outros mortos?

Ao dizer: "Deixa os mortos sepultar os seus próprios mortos", Jesus não se referia aos mortos que levamos ao cemitério; é necessário conduzi-los aonde devem estar, e por sinal, ainda que estejam mortos, sua alma continua viva. Jesus tinha em mente outros mortos. Pois mesmo vivos os seres humanos trazem neles algo que, do ponto de vista de Jesus, está morto e os conduz à morte: sua natureza inferior. Sim, as manifestações da natureza inferior devem ser incluídas entre os mortos. E aqueles que tanto buscam satisfazê-las, atender aos seus caprichos, acabam por sua vez por morrer também. Nossa maneira de pensar e o modo como nos comportamos fazem com que nos mortifiquemos ou nos vivifiquemos. Tudo aquilo que em nós não está impregnado da vida da alma e do espírito conduz-nos para a morte.

A natureza inferior do homem está viva, e bem viva, é ela que vemos manifestar-se em tantos livros, espetáculos, jornais e no rádio, na televisão... Mas do ponto de vista espiritual essa vida é na realidade a morte para nós e para os outros. Por isso é que devemos levar a sério o conselho de Jesus. Na cabeça, no coração, quantas pessoas passam o tempo "enterrando mortos"! Cuidam deles, eles os acompanham... E esses mortos não são necessariamente seres humanos, mas também objetos, ideias, opiniões, sentimentos. Essas palavras de Jesus devem ser compreendidas de todos os pontos de vista e aplicadas em todos os domínios: na filosofia, na literatura, na religião, na arte, na economia, na vida cotidiana.

"Segue-me", diz também Jesus. Por quê? Para estar vivo. Pois é junto a Jesus que está a vida divina. Na realidade, experimentamos a dimensão da vida

"Deixa os mortos sepultar os seus próprios mortos" 47

e da morte quase simultaneamente. Existem pessoas cheias de vitalidade no corpo físico, mas que estão mortas, pois cuidam de outros mortos. E existem mortos que não deixaram de estar vivos, pois durante sua existência terrestre buscaram em todas as circunstâncias colocar o espírito em primeiro lugar. Esses optaram por seguir Cristo e entraram vivos na morte.

Para optar por seguir Cristo é preciso ter aprendido a localizar onde está o essencial. Ora, os seres humanos buscam satisfação em tudo o que é secundário. Passam a vida entregues a ocupações que nada proporcionam à sua alma e ao seu espírito.Vocês responderão, naturalmente, que a alma e o espírito não podem participar tanto assim das atividades banais da vida cotidiana, nem daquelas que devemos exercer para, como se diz, "ganhar a vida". Questiono se é tão certo assim... O que fazem as pessoas quando voltam do trabalho ou têm tempo livre? Quais são suas preocupações, suas conversas, suas atividades, suas distrações? Elas talvez não façam nada de realmente repreensível, mas em vez de construir nelas mesmas algo de sólido, de estável, perdem tempo e forças com futilidades. É, portanto, como se deixassem a morte introduzir-se nelas. Tudo que não é essencial é o que Jesus chama de "os mortos": lixo, restos que devemos jogar fora, pois perderam os elementos da vida divina e espiritual.

48   O que é um filho de Deus?

Entender o essencial é sentir a necessidade de organizar nossa vida ao redor desse centro, o espírito, essa centelha que nos habita e que é o indício de nossa filiação divina.[1] Dessa forma é que todas as nossas atividades, e até mesmo nossas distrações, contribuirão para alimentar a vida em nós. O espírito que habita no homem não rejeita o fígado, os intestinos ou os pés, sob o pretexto de não serem órgãos ou membros tão nobres quanto ele. Tudo está em seu devido lugar, e o espírito faz uso de tudo. Mas ele permanece no centro, caso contrário, é a morte; e quando a morte está presente, não há mais nada a fazer.

Por que tantos homens e mulheres que se adoravam acabam cansados uns dos outros e se separam? Porque se voltaram demais para os "mortos" e acabaram por morrer também. Se tivessem cuidado de preservar a vida neles, de embelezá-la, de torná-la poética, continuariam a se entender e a se amar. Não quero intrometer-me muito nessas coisas, mas de que serve, por exemplo, a maquiagem nas mulheres? Para dar a ilusão da vida. Elas sentem instintivamente que é a vida que os homens buscam, e acentuando no rosto as cores da vida tentam tornar-se mais atraentes. Pode funcionar, é claro, mas não basta, e, além disso, não dura.

Em certos contos lemos que, para seduzir homens, demônios femininos adquirem, mediante procedimentos mágicos, fascinante aparência juvenil. Naturalmen-

"Deixa os mortos sepultar os seus próprios mortos"   49

te, os pobres infelizes se deixam apanhar, a ponto de casar com essa encantadora criatura, mas algum tempo depois eles acabavam enlouquecendo e, em alguns casos, perdiam a vida... Até o dia em que um, mais sábio e mais instruído que os outros, se conscientiza da natureza dessa entidade que tem diante de si: consegue quebrar o encanto e a jovem de aparência tão sedutora vira pó, gritando alucinada. Sim, uma metáfora sobre a morte espiritual que procura adquirir a aparência da juventude e da vida... Esses contos têm um significado profundo.

Como Deus fez as coisas, como a natureza fez as coisas? Eis as questões que vocês devem estudar, para entender a Deus e mesmo imitá-lo. Esforcem-se sempre por colocar o essencial no centro de sua vida e por instalar-se no essencial, procurando identificar-se com ele. Então, todo o resto, a família, os amigos, as posses, as ocupações e até as diversões encontram seu devido lugar, pois vocês os associam ao essencial, caso contrário... Enquanto não tiverem entendido sobre o quê edificar sua existência, nada do que possuírem permanecerá com vocês por muito tempo: sua mulher, seus filhos, seus amigos, suas posses, sua saúde... de uma maneira ou de outra, vocês hão de perdê-los. Faltando no centro essa força que unifica, que preserva, que governa, todos os elementos começam a se dispersar, e nesse momento ocorre a morte espiritual.

O QUE É UM FILHO DE DEUS?

Os seres humanos têm seu corpo, vivem com ele, cuidam dele, o alimentam, o lavam, o vestem e até o maquiam, mas não procuram compreender o que esse corpo quer lhes dizer com seus membros e seus órgãos. Pois bem, nesse corpo animado por um espírito eles devem aprender uma lição: como Deus pensou as coisas, pondo seu corpo a serviço de seu espírito; e que se inspirem nessa lição para conduzir sua vida, isto é, que ponham tudo que é material e efêmero a serviço do essencial...

O material e o efêmero sempre terão um papel a desempenhar em nossa vida, mas para que esse papel seja benéfico devemos fazer com que participem da atividade do espírito. Quantas pessoas não passam a vida em busca de conhecimentos e aventuras! O resultado dessa busca lhes proporciona, depois de algum tempo, a impressão de estar vivendo a verdadeira vida, mas quando os ouvimos falar a respeito, anos depois, temos a impressão de que a experiência foi como areia que deixaram escorrer por entre os dedos.

Os turcos dizem: "Até os 40, gastamos dinheiro para ficar doentes; depois dos 40 gastamos dinheiro para recuperar a saúde." Eu me lembro de ouvir isso quando era jovem, na Bulgária. Essa é a situação da maioria dos homens: valem-se de todos os meios à sua disposição para usar e abusar de seus recursos físicos e psíquicos. No momento, têm a sensação de estar vivendo. Mas não é "o momento" que conta, e sim, anos depois, o balanço que fazemos de nossa vida. Por isso é que, de vez em quando, é preciso rever nossas escolhas e atividades, perguntando-nos: "O que me proporciona tudo o que escolhi?... Será que não estou *enterrando mortos*? Que posso fazer para estar vivo?"

Acreditem, a única ciência que realmente vale a pena aprofundar é a ciência da vida, pois funciona como uma chave e abarca todas as outras. Vocês leem e estudam, isso é ótimo, mas não é a leitura que lhes dará a vida. Em compensação, poderão entender melhor o que leem se já tiverem avançado no campo da vida. E ainda que passem o tempo ouvindo ou tocando música, por mais bela e inspirada que seja, que poderá proporcionar-lhes essa música? Será que saberão, graças a ela, orientar-se melhor? Não, pois é necessário também um outro saber. Sem a ciência da vida, nada tem sentido. Conseguimos tudo o que queremos sem entender o desejo que nos move e sem saber o que deve ser feito com o que obtemos. Por isso, somos incapazes de aproveitar plenamente mesmo as conquistas mais difíceis.

Ficou claro por que Jesus insiste tanto na vida? Porque é a compreensão dela que nos permite entrar em relação com Deus, nosso Pai. Até então, só podemos ter concepções errôneas do Criador, pois são superficiais. Em vez de buscar Deus em nós mesmos, nessa vida que Ele nos deu, contentamo-nos com o que foi dito por outros a seu respeito, e então pesamos os prós e os contras, levantamos questões, duvidamos, nos perguntamos se Ele existe ou não... Dessa maneira, nunca chegamos a nada. Mas faça com que a vida brote em você e nunca mais terá dúvidas sobre a existência de Deus.

Quando um Iniciado, instruído na ciência da vida, vê os motivos de preocupação dos seres humanos e como raciocinam... oh! ele não fica indignado, não se irrita, apenas sorri... Ainda que alguns sejam muito capazes, eruditos, na realidade são ignorantes. Não têm consciência de que a vida é limitada no tempo e no espaço e está restrita ao que veem; não sentem que há uma Existência acima da sua, e que é para Ela que deveriam voltar o pensamento. Suas buscas, suas aquisições são tão limitadas! Não lhes dão a mínima noção do que é a verdadeira vida que sai de Deus. Então, um Iniciado sorri gentilmente, muito amistosamente, sem magoar ninguém. Ele vê — e muitas vezes fica triste. Gostaria de ajudar, mas não só elas não o ouvem como se sentem muito satisfeitas consigo mesmas, dizendo: "Nós, os inteligentes... nós, os normais... nós, os sensatos...", e o olham com piedade: quem é esse velho com ideias tão ultrapassadas?

"Deixa os mortos sepultar os seus próprios mortos"

Mas vocês, que estão numa Escola onde lhes ensinam a ciência da vida, o modo de entendê-la e realizá-la, tratem de levar a sério essa ciência! Ao longo das atividades do dia, procurem colocar-se em um estado de espírito em que a vida divina possa fluir através de vocês, vivificando todas as criaturas e todos os objetos ao seu redor. Quando o homem adquire consciência de que é o depositário da vida divina, a Mãe Natureza o considera um ser inteligente, verdadeiro filho da luz, e começa a amá-lo, abre suas portas e lhe oferece trajes de festa para que ele participe de seus banquetes e de seus mistérios.

O estudo da vida deve prosseguir por milhões de anos, pois é uma ciência sem fim. E é isto o que a torna tão apaixonante. Uma vez tendo começado, você sente que jamais poderá parar. Eu escolhi essa ciência para minha profissão. Sim, foi essa ciência que escolhi, a mais desprezada, a mais desdenhada, sabendo de antemão que não encontraria muitos interessados em estudá-la comigo. Então, por que insisto? Porque aquilo que é desprezado hoje será apreciado amanhã. A ciência da vida é essa pedra de que fala Jesus: "A pedra que os construtores rejeitaram tornou-se a pedra angular."

Evidentemente, como eu me concentrei na vida, negligenciei os outros campos; por isso tenho grandes lacunas. Sou ignorante sobre uma série de coisas, mas isso não me preocupa. Se fosse possí-

54   O QUE É UM FILHO DE DEUS?

vel, é claro que eu preferiria saber tudo, conhecer tudo, mas precisaria dedicar a isso muito tempo, muita energia, em detrimento da vida. Por outro lado, também cursei universidades, e poderia falar-lhes de uma grande variedade de temas, como fazem milhares de professores e conferencistas pelo mundo afora. Só que me sentiria deslocado, fora de propósito, como se não fosse o meu trabalho, o meu dever, a minha vocação, o meu elemento... como se estivesse pisando num terreno que não é o meu. Por isso, deixo todos os demais temas aos especialistas e me concentro na vida. Aprender a receber e a transmitir a vida, porque aí está a verdadeira magia.

Vocês jamais lamentarão ter dado à vida o lugar mais importante. Portanto, não esperem que ela os abandone para, só então, buscarem entender o que perderam ao correr atrás de todo o resto. Eu peço ao Céu apenas isto: que me dê a vida, sem grandes preocupações em ter longevidade, mas apenas essa sensação de pertencer à vida cósmica, à vida do universo, das estrelas.[2] E para poder falar-lhes assim da vida sou obrigado a trabalhar em minha própria vida. Caso contrário, o que poderia transmitir-lhes?

Embora também esteja fora de nós, a vida divina está em nosso interior. E embora não sejam lá muito numerosos, existem na Terra seres que entenderam a importância e a beleza dessa vida. O que fazer, senão decidir participar do seu trabalho?[3] Pois àquele que busca a verdadeira vida, Deus mostra onde estão os seres que a encontraram, para que possam ajudá-lo e levá-lo com eles. Mesmo em meio às maiores dificuldades, ninguém está completamente isolado. Veja o que costuma acontecer durante uma guerra: resistentes se agrupam em organizações, mudam de nome, passam a usar códigos, para que só possam reconhecer-se aqueles que decidiram lutar juntos pela liberdade de seu país... e acabam triunfando. Pois bem, o mesmo acontece com os filhos de Deus: dispõem de todos os meios necessários para se reconhecer e trabalhar juntos.

E quando houver na Terra muitos seres capazes de viver essa vida divina, ela transbordará por toda parte, como ondas de água pura; será verdadeiramente a nova vida, não só para alguns indivíduos aqui e ali, mas para toda a humanidade. Isso levará muito tempo, claro, mas pouco importa o tempo, é preciso dar início a esse trabalho, o trabalho dos filhos e das filhas de Deus. Os filhos e as filhas de Deus só pensam em melhorar a vida, torná-la pura, luminosa, bela, abundante, a fim de propagá-la, distribuí-la, compartilhá-la com todos. Não será deles que Jesus dirá que são mortos ocupados em enterrar outros mortos; não, eles estão vivos, pois trabalham com ele para fazer fluir a vida divina.

Notas

1. Cf. "*Cherchez le Royaume de Dieu et sa Justice*" [Procurai o Reino de Deus e sua Justiça], Parte II, cap. 1, I: "Et l'esprit de Dieu se mouvait au-dessus des eaux" [E o espírito de Deus era levado por cima das águas].
2. Op. cit., Parte VII, cap. 4: "L'homme dans le corps cosmique" [O homem no corpo cósmico].
3. Op. cit., Parte VII, cap. 1: "Un sens nouveau au mot 'travail'" [Um novo significado para a palavra "trabalho"].

V

"DEUS AMOU O MUNDO DE TAL MANEIRA QUE ENVIOU O SEU FILHO UNIGÊNITO"

POR MEIO DOS Evangelhos Jesus não se cansou de dizer que o ser humano é filho de Deus. Então, o que significa essa afirmação repetida século após século, e que constitui o fundamento do cristianismo: "Deus amou o mundo de tal maneira que enviou o seu Filho unigênito"?... Pois foi a partir dessa afirmação de São João que os Pais da Igreja e os teólogos que lhes sucederam estabeleceram todos os artigos da fé cristã. Mas será que a terão interpretado corretamente? Isso significaria que em dado momento da história dos homens Deus decidiu-se, enfim, vir em seu socorro. Até então, permitira que a humanidade se debatesse na escuridão, e um dia, passados milhões de anos, não se sabe o motivo, Ele entendeu que era o momento de enviar seu filho, Jesus.

Desse filho, não se sabe grande coisa. Houve até quem pusesse em dúvida a sua existência. Os Evangelhos relatam que ele nasceu em um estábulo, pois

58 O que é um filho de Deus?

não havia mais lugar nas hospedarias, e logo em seguida seus pais tiveram de fugir para o Egito para protegê-lo, pois o rei Herodes queria matá-lo. Depois da morte de Herodes, trouxeram-no de volta para a Galileia, mas a respeito de seus primeiros anos de vida encontramos apenas essa menção no Evangelho de São Lucas: "E crescia Jesus em sabedoria, em estatura e em graça, diante de Deus e dos homens." E após essa menção vem o episódio em que, aos 12 anos de idade, Jesus escapa à vigilância dos pais: em vez de voltar com eles para Nazaré, permanece em Jerusalém, onde é encontrado no Templo, dialogando com os doutores da Lei.

Depois, pode-se dizer que Jesus sumiu. Ele volta a aparecer 18 anos mais tarde, aos 30, quando é batizado por João Batista nas águas do Jordão. Percorre, então, a Judeia, a Samaria, a Galileia, fala nas estradas à multidão que o segue, ensina nas sinagogas, cura doentes, expulsa demônios... Mas sua mensagem e seu comportamento irritam os fariseus e os saduceus, que se consideravam os guardiães da lei de Moisés; eles decidem mandar prendê-lo e fazer com que seja condenado pela autoridade romana que governava o país, e, aos 33 anos, ele morre na cruz.

Para os cristãos, portanto, Deus manifestou-se na Terra há dois mil anos enviando seu filho único, e essa manifestação durou 33 anos. Desde então, Deus

"DEUS AMOU O MUNDO DE TAL MANEIRA…"

voltou a entregar os seres humanos à própria sorte, não tem mais filho para enviar, já que só tem um E por que Ele só tem um filho?… Quantos pais são mais favorecidos que Ele! Há famílias com dez filhos e até mais.

A verdade é que os Pais da Igreja não entenderam, ou não quiseram entender, ou, então, não quiseram ensinar o que realmente significa ser filho de Deus. Disso decorreram duas afirmações errôneas: a primeira, que Jesus era o próprio Deus; a segunda, que só Jesus é realmente filho de Deus, sendo os outros homens filhos de uma espécie inferior. Ora, lendo os Evangelhos constatamos que Jesus jamais disse isso. Se é verdade que em várias passagens ele se dirige a Deus chamando-o de "Pai", ao falar a seus discípulos ou à multidão que o segue ele também diz "vosso Pai"; e quando ensina como orar, as primeiras palavras da oração são: "Pai nosso, que estás no Céu." Pode essa palavra — "Pai" — ter dois sentidos diferentes? Não. Logo, a palavra "filho" também não pode ter dois sentidos diferentes. Por que botar na boca de Jesus o que ele não disse?

No fim de seu Evangelho, São João escreve que, se fosse necessário relatar todos os atos e palavras de Jesus "nem ainda no mundo inteiro caberiam os livros que se escrevessem". Significa que bem poucas coisas a respeito de Jesus chegaram até nós. E no entanto,

O QUE É UM FILHO DE DEUS?

se as soubermos interpretar, essas poucas coisas nos revelam muito a seu respeito.

Toda religião baseia-se na consciência de que existe um vínculo entre o homem e a Divindade, e cada uma delas apresentou esse vínculo de uma maneira própria. No Antigo Testamento, Moisés, no início do livro do Gênesis, escreve que "Criou Deus o homem à sua imagem"; já era uma maneira de revelar que ele é seu filho. Dirigindo-se a Deus e mencionando-O quase sempre pelo nome de Pai, Jesus conferiu a essa revelação todo o seu alcance.

Entretanto, em vez de aprofundar essa verdade, em vez de extrair dela as devidas consequências para a humanidade inteira e compreender que cada um pode encontrar nela o sentido da vida para si mesmo e para todos os outros homens, os Pais da Igreja declararam que só Jesus era o verdadeiro filho de Deus, e, portanto, Deus. O que Jesus dizia para todos os homens, eles quiseram que se aplicasse apenas a ele, e para impor suas ideias e conferir-lhes mais força viram-se obrigados a inventar a seu respeito teorias absurdas. Como era Deus feito homem, Jesus não podia vir ao mundo como os outros seres humanos: foi necessário então estabelecer que ele havia "nascido de uma virgem", tendo sido "concebido por obra do Espírito Santo". E como era impensável que um Deus morresse na cruz, foi preciso dizer também que havia ressuscitado e subido ao Céu.

"Deus amou o mundo de tal maneira..."

No fundo, os cristãos reagem como materialistas, pois confundem o plano material e o plano espiritual, a dimensão simbólica dos acontecimentos e das coisas lhes escapa. Pensam que Deus realmente enviou seu filho, logo, que Jesus é o filho de Deus, assim como qualquer homem é o filho de seu pai. Como ele disse, ao dar-lhes pão e vinho: "Este é o meu corpo... Este é o meu sangue", eles acreditam em sua "presença real" na eucaristia. E acreditam que ele subiu ao Céu com seu corpo físico ressuscitado, estando desde então sentado à direita de Deus. Mas o que significa "à direita de Deus"? Só se pode falar de direita ou esquerda a respeito de um corpo físico. Deus também teria um corpo físico? E se essa referência à "direita" é apenas simbólica, será que Jesus possui um corpo ao lado de Deus, que não o tem... e de miríades de anjos e arcanjos que são puros espíritos? Como é que ele faz, então, para se alimentar? Devemos ser lógicos: se Jesus está no Céu com o seu corpo físico, precisa alimentá-lo. Pode ter jejuado durante quarenta dias no deserto, mas seria capaz de estar em jejum há dois mil anos? Caso contrário, de que se alimenta? Por que a fé precisa estar em contradição com o bom-senso?... Com as leis da natureza estabelecidas pelo próprio Deus?

E agora falemos de Maria. A Igreja fez da mãe de Jesus "a mãe de Deus", então foi necessário apresentá-la também como um ser absolutamente à parte, único.

62   O QUE É UM FILHO DE DEUS?

Por isso Maria foi proclamada "Imaculada Concei-
ção", ou seja, fecundada sem pecado, logo, preservada
do pecado original e ainda virgem. Tudo bem, mas
o que pensar da passagem dos Evangelhos em que
são mencionados os irmãos de Jesus?... E como ela
era a mãe de Deus, decidiu-se que ela própria não
podia ter morrido: depois de mergulhar numa espécie de sono, seu corpo foi levado pelos anjos, e desde
então ela está sentada ao lado do filho, como rainha
do Céu. Quer dizer então que no Céu habitado por
espíritos luminosos Jesus e Maria seriam os únicos a
possuir um corpo físico?

Talvez não exista ninguém que acredite mais que
eu na grandeza de Jesus, em sua santidade, em sua
luz, em sua força. E também acredito que ele era o
filho de Deus, sim, mas essa filiação é de natureza diferente da que foi ensinada pela Igreja. Também respeito muito Maria, e a amo, mas aqui mais uma vez a
representação que a Igreja quis impor a seu respeito
é pura invenção.

Embora os Evangelhos ofereçam poucos detalhes,
a verdade sobre Jesus aparece claramente para aqueles que sabem lê-los. Sobre Jesus menino, escreveu-
se que "ia crescendo e se fortalecendo, ficando cheio
de sabedoria". Se alguém cresce, é porque ainda não
é suficientemente grande. Quer dizer, então, que o
próprio Deus seria obrigado a crescer? Ele já havia
sido obrigado a nascer pelo corpo de uma mulher;

"DEUS AMOU O MUNDO DE TAL MANEIRA..." 63

ora, se Jesus, para nascer, não precisava de um pai físico, por que precisaria de uma mãe? Se realmente era possível conceber um filho "por obra do Espírito Santo", o Espírito Santo também não poderia fazer com que ele nascesse sem a intermediação de uma mãe física? Deus precisaria passar por um corpo de mulher para se manifestar quando Ele desejasse? Se Jesus teve uma mãe, é porque também teve um pai. E se esse pai não era José, quem seria?...

Os Evangelhos não dizem nada sobre o que Jesus fez a partir dos 12 anos, nem mesmo onde estava; mas eis que ele surge, de repente, à beira do Jordão, pedindo a João Batista que o batize. Ao sair da água, depois de ter sido batizado, o Espírito Santo desce sobre ele na forma de uma pomba. Cabe perguntar, também aqui, por que Jesus teria esperado chegar aos 30 anos para receber o Espírito Santo? Por que precisaria de 30 anos de aprendizado? Se tivesse sido concebido por obra do Espírito Santo, não precisaria esperar tanto tempo para recebê-lo... Vocês podem ver o quanto tudo isso é contraditório.

Se Jesus fosse o próprio Deus, cabe perguntar por que Deus teve de nascer e, depois, passar por todos os estágios do desenvolvimento humano para receber finalmente o batismo aos 30 anos, antes de iniciar sua missão. Seria Deus obrigado, então, a alcançar uma espécie de maioridade para se manifestar?... E, além do mais, teve apenas três anos para fazê-lo. Para um

64 O QUE É UM FILHO DE DEUS?

ser que dispõe da eternidade, que vive na eternidade, é bem pouco tempo!

Na realidade, Deus não precisa esperar, Ele não tem de nascer, crescer e instruir-se. Ou, então, quando falamos de Deus, não sabemos na verdade de quem estamos falando. Deus é o Espírito cósmico que não precisa aprender nem se aperfeiçoar, pois Ele é a perfeição. São as criaturas que precisam trabalhar e aperfeiçoar-se, para elevar-se até Ele, e Jesus, que era uma criatura humana, não constituía exceção. Só que Jesus foi tão longe na meditação, na oração, na contemplação de seu Pai celeste e na identificação com Ele que foi capaz de dizer: "Eu e o Pai somos um."[1] Mas ao se identificar a seu Pai celeste ele não estava dizendo que era seu filho único, nem o próprio Deus.

No Evangelho segundo São Mateus o batismo de Jesus nas águas do Jordão e a descida do Espírito Santo são imediatamente seguidos da narrativa de sua retirada para o deserto: lá, depois de 40 dias de jejum, ele é tentado pelo diabo. Por que Jesus teve de jejuar? E, depois desse jejum, por que foi tentado pelo diabo? O jejum é uma purificação, e se Jesus fosse o próprio Deus, não teria necessidade de jejuar, e além disso, o diabo não iria tentá-lo. O diabo não é tão tolo assim, sabe que não tem a menor chance de seduzir Deus e atraí-lo para suas malhas, nem sequer tentaria.

"Deus amou o mundo de tal maneira..."

Mas o diabo pensou: "Jesus é um filho de Deus, mas também tem em si algo da natureza humana, de modo que posso tentá-lo através dessa natureza humana, e talvez ele caia em minhas armadilhas, como aconteceu com outros que também eram filhos de Deus." O diabo sempre sabe com quem está lidando; sabia quem era Jesus, e se ele fosse Deus, sabendo que de qualquer jeito seria derrotado, o diabo não teria feito a tentativa. Naturalmente, não conseguiu, mas se tentou é porque poderia ser bem-sucedido.

E como devemos interpretar as horas de angústia vividas por Jesus, no fim, no Jardim de Getsêmani, sabendo que seria detido e condenado ao suplício? Afirma-se que ele, "cheio de angústia, orava com mais insistência ainda, e o suor se lhe tornou semelhante a espessas gotas de sangue que caíam por terra". Ele orava: "Pai, tudo lhe é possível, afasta de mim esse cálice." Se ele fosse o próprio Deus, como poderia sentir semelhante angústia ante a morte? E quando foi crucificado, ele exclamou: "Deus meu, por que me abandonaste?"... É possível que Deus abandone a Si mesmo?

As tentações, a agonia no Jardim de Getsêmani e a crucificação nos ensinam o que é verdadeiramente um filho de Deus. Um filho de Deus é um ser humano, e como todos os outros seres humanos, é solicitado por sua natureza inferior tanto quanto por

66 O QUE É UM FILHO DE DEUS?

sua natureza superior; mas é sempre sua natureza superior, sua natureza divina, que acaba por triunfar. Jesus venceu as tentações que lhe eram apresentadas pelo diabo, ou seja, sua natureza inferior.[2] Se foi levado a enfrentar essas tentações, é que ainda existia nele algo a ser vencido, ele ainda tinha de passar por provações, vitórias a conquistar. Essas vitórias deviam ficar gravadas, marcadas na substância do seu ser, pois todos os combates interiores que empreendemos deixam em nós uma marca indelével. Ninguém é exceção, e tampouco Jesus poderia constituir uma. A partir do momento em que um espírito aceita encarnar na Terra, deve enfrentar provações que representam etapas a superar. Se tem êxito, é porque soube manifestar sua natureza de filho de Deus.

Ao passar pela angústia da morte, no Jardim de Getsêmani, Jesus suplicava: "Pai, afasta de mim este cálice!" Mas depois se recompôs: "Pai, se este cálice não pode passar sem que eu o beba, faça-se a tua vontade!" Que humildade da parte de Jesus! Ao contrário de todos que se julgam no direito de exigir que o Senhor atenda seus pedidos, ele não insistiu. Não disse: "Tu és meu Pai, eu sou teu filho, deves portanto atender-me." Quantos cristãos não exigem de Deus que atenda às suas orações, afastando-se Dele só porque não as realizou! E, tantas vezes, o que pedem? Coisas completamente fúteis! Ao passo

"Deus amou o mundo de tal maneira..."

que Jesus aceitou sem murmurar o mais terrível dos suplícios.

Essa atitude de Jesus deve ser um ensinamento para nós. Ao dizer: "Não a minha vontade, Senhor, mas a tua seja feita!", ele repetia uma fórmula poderosa, mágica, através da qual a vontade humana se funde com a vontade divina. E embora ela não possa impedir que se realizem os acontecimentos predeterminados, pelo menos aquele que a pronuncia encontra em si mesmo força, paz, unidade, e não sente uma oposição entre seus próprios desejos e a determinação celeste. Ele não pode evitar certos acontecimentos dolorosos, mas ao identificar sua vontade com a vontade divina torna-se capaz de recebê-los de outra maneira. A partir do momento em que consegue elevar-se até o mundo divino, ele se desliga de seus próprios sofrimentos, a ponto de senti-los como algo que já não faz realmente parte dele.

Aqueles que o crucificaram diziam a Jesus: "Se és Filho de Deus, desce da cruz." Mas a verdadeira força do homem não consiste em fugir às provações, como muitos acreditam. A verdadeira força é poder aceitá-las com clareza, abnegação e, sobretudo, paz e unidade de espírito. É normal sentir perturbação e angústia; até os heróis tremeram diante de alguns perigos. Mas sua força estava no fato de que logo em seguida retomavam o domínio da situação, mostrando-se até mesmo capazes de cantar ao caminhar para a morte.

68 O QUE É UM FILHO DE DEUS?

Jesus sabia das provações que o esperavam, ele próprio as havia anunciado a seus discípulos. Mas a violência do suplício que sofria despertou nele as forças ocultas de sua natureza puramente humana, e ele exclamou: "Deus meu, por que me abandonaste?" Na realidade, Deus não o havia abandonado, mas essa sensação de estar só, sem auxílio, perdido, pode ser vivenciada até mesmo pelos maiores Iniciados. A natureza humana em Jesus não pôde impedir-se de lançar alguns gritos de desespero, mas o fez com amor, sem revolta, e aí está toda a diferença. Por isso, no fim, ele reencontrou a luz e a paz, e suas últimas palavras foram: "Pai, nas tuas mãos entrego o meu espírito."

Quem disse "Eu e o Pai somos um" seria, então, uma pessoa diferente daquela que disse "Deus meu, por que me abandonaste?". Não, tratava-se da mesma pessoa, mas na primeira frase era sua natureza divina a se expressar, e na segunda, sua natureza humana. Naturalmente, muitos cristãos ficarão escandalizados: como ouso falar assim de Jesus? Para os que raciocinam e são esclarecidos, contudo, essa explicação que eu apresento em nada diminui a grandeza dele. Pelo contrário, realça sua verdadeira grandeza, os esforços que teve de empreender para chegar a esse apogeu.

Sem dúvida, para mostrar a superioridade do cristianismo, os Pais da Igreja preferiram afirmar que ela tinha como fundador o próprio Filho de Deus: o próprio Deus havia se feito homem. Infelizmente, não basta querer uma coisa e afirmá-la para que ela seja verdadeira. Muitos cristãos me dirão, certamente, que eu não entendi a verdadeira doutrina da Igreja. Toda vez que eu quis falar dessa questão com fiéis ou mesmo com religiosos, eles me deram a mesma resposta: Jesus é, ao mesmo tempo, verdadeiro Deus e verdadeiro homem. E a cada vez me vi obrigado a dizer-lhes que essa afirmação não faz sentido. Por quê? Porque as duas naturezas, divina e humana, só podem coexistir no homem. Se Jesus era o Filho de Deus no sentido em que o compreendem, ele só poderia ser Deus.

Desse modo, todos aqueles que fabricaram essas teorias sobre Jesus verdadeiro Deus e verdadeiro homem apenas revelaram sua ignorância. Sim, uma ignorância anatômica, fisiológica, psicológica... cósmica! E não só eram ignorantes como também orgulhosos, pois fazendo de Jesus um ser que não pode existir insurgiram-se contra a ordem das coisas criadas por Deus. Naturalmente, sei o quanto é difícil para fiéis livrar-se de ideias que vêm sendo constantemente repetidas há 20 séculos. Quantas pessoas não me confessaram isso! Entendemos que o que você diz é a realidade, mas não podemos arrancar da cabeça o que nos foi ensinado desde a infância.

70 O que é um filho de Deus?

Eu jamais rejeitarei a religião cristã. Quando viajo, tenho o hábito de entrar nas igrejas e nos templos para orar. Mas o significado que têm para mim essas igrejas, esses templos, as cerimônias que neles se desenrolam e a palavra que ali é ensinada, naturalmente, é diferente do que lhes é atribuído pela maioria dos cristãos.

Deus criou leis às quais é impossível esquivar-se, e quem se recusa a conhecê-las envereda por becos sem saída. Uma dessas leis é a seguinte: qualquer que seja a evolução de um ser, seu organismo físico e seu organismo psíquico devem atingir certo grau de desenvolvimento para que o Espírito divino possa tomar posse dele. Um ser humano, por maior e mais excepcional que seja, não pode manifestar-se como puro espírito. A encarnação, a carne — como quiserem — está submetida às leis da matéria. Lembrem-se do que Jesus disse a Nicodemo: "O que é nascido da carne é carne, e o que é nascido do Espírito é espírito." Isso significa que a carne e o espírito são duas esferas distintas. A carne obedece às suas próprias leis, não se submetendo tão facilmente ao espírito que quer manifestar-se através dela.

Jesus não é filho de Deus no sentido de que, em dado momento da história, o próprio Deus teria se tornado homem. Na realidade, são filhos e filhas de Deus todos aqueles que se conscientizam des-

"DEUS AMOU O MUNDO DE TAL MANEIRA..."

sa centelha que Deus depositou neles, seu espírito, dando-lhe todas as possibilidades de desabrochar e se manifestar. Foi o que Jesus fez plenamente, e essa faculdade é dada a todos os seres humanos, desde que deixem de confundir o que é da ordem do espírito e o que é da ordem da carne. A filiação de que fala Jesus é uma filiação espiritual, pois é sempre o espírito que encarna na matéria, para se manifestar através dela. Supor que o espírito se torne carne ou que Deus se torne homem é uma aberração que necessariamente deu origem a muitas outras. E ao tentar impor aos cristãos a imagem de Jesus que ela própria havia fabricado, a Igreja os desviou do verdadeiro caminho da vida interior e do verdadeiro trabalho espiritual.

A matéria é algo inerte, resistente, que está constantemente se opondo ao espírito em nós; e mesmo quando, depois de muitos esforços, conseguimos vencê-la, essa vitória não permanece, é preciso sempre recomeçar. Mas quando falo de matéria não se trata unicamente de matéria física, mas também de matéria psíquica, que também cria resistência. Em dado momento, conseguimos torná-la obediente, fazê-la vibrar em uníssono com o mundo da luz, mas no momento seguinte ela volta a sua inércia inicial, e é preciso recomeçar o trabalho: meditar, orar, fazer exercícios. Claro, pouco a pouco adquirimos maior domínio sobre ela, mas para não perder esse controle é necessário continuar incansavelmente a se exercitar.

Tomemos o caso de um músico virtuose: ele conseguiu desenvolver dons excepcionais, mas qualquer que seja o nível que alcançou, ele precisa continuar trabalhando várias horas, diariamente, para conservar o domínio que adquiriu sobre seu instrumento e expressar através dele os movimentos mais sutis de sua alma. Da mesma forma, um místico, um Iniciado, um Grande Mestre precisa diariamente, através da meditação, da oração e da força de vontade submeter sua matéria psíquica ao poder do espírito.[3] Nos Evangelhos, se afirma várias vezes que Jesus se isolava para orar. Se ele realmente fosse o próprio Deus, você acredita que isso seria necessário?

Quando o Espírito divino consegue penetrar a matéria de um ser e tomar posse dela, transmite-lhe vibrações tão poderosas que até o corpo físico parece transformar-se em luz. O Espírito começa por tocar o corpo mental (o pensamento) e o corpo astral (o sentimento), e em seguida toca o corpo físico. Foi esse o fenômeno que se deu no monte Tabor, quando Jesus se transfigurou.[4] A vida espiritual começa por um trabalho sobre os pensamentos e sentimentos; mas, para ser completo, esse trabalho também deve tocar o corpo físico, para que ele próprio se torne a morada do Eterno.

"Deus amou o mundo de tal maneira..." 73

Se tomarmos os dois episódios da vida de Jesus mencionados há pouco — a descida do Espírito Santo no momento de seu batismo e as três tentações —, veremos que simbolicamente eles confirmam as explicações que lhes estou dando: reencontramos o vínculo existente entre a possessão de Jesus pelo Espírito Santo e a vitória que ele obtém nos três planos: físico, astral e mental. Pois cabe lembrar, como já mostrei, que cada uma dessas três tentações se refere a um aspecto do ser humano: a primeira, ao corpo físico; a segunda, ao corpo astral; e a terceira, ao corpo mental. Mas, mesmo depois de sua vitória sobre essas três tentações, que revelam o grau de evolução a que havia chegado, Jesus precisava continuar a lutar para obter outras vitórias.

Porque lhe convinha, a Igreja quis fazer com que Jesus entrasse num molde fabricado por ela, e para explicar sua grandeza, suas virtudes excepcionais, declarou que ele era filho de Deus no sentido de que o próprio Deus poderia ter um filho. Mas não, não é verdade. E também aqui, não importa se a Igreja, que se recusa a admitir a reencarnação, se escandalizar com minhas palavras, mas direi que se Jesus foi capaz de manifestar virtudes tão excepcionais, foi porque já havia realizado em si mesmo um trabalho gigantesco em suas vidas anteriores. Antes, porém, de dar início à missão pela qual encarnou, ele precisava instruir-se novamente. E, as-

74 O QUE É UM FILHO DE DEUS?

sim, o que fazia entre os 12 e os 30 anos? Ele se preparava, estudava...

Quantos serão capazes de aceitar a ideia de que Jesus precisava instruir-se? Para os cristãos, desde o nascimento ele era onisciente, todo-poderoso, perfeito. Não, pois ao vir à Terra para encarnar até mesmo o espírito mais evoluído precisa superar certas etapas, nem tudo lhe é dado imediatamente, ele necessita adquirir conhecimentos, seguir uma disciplina. A diferença em relação aos outros seres humanos é que ele progride muito rapidamente. E o grau de domínio, sabedoria e elevação que Jesus havia alcançado aos 30 anos era absolutamente excepcional.

Todos os grandes seres do passado que retornam à Terra são obrigados a estudar. É uma lei. Quem quer que tenha sido no passado, todo ser que volta a encarnar precisa reaprender tudo. Até mesmo os Grandes Iniciados esquecem o que sabiam e precisam voltar a se instruir para que suas qualidades e seus dons se manifestem mais uma vez, na nova vida. Sem dúvida, eles chegam muito mais rapidamente que os outros a resultados notáveis, mas precisam trabalhar. Essa lei se aplica em todos os campos. Se Mozart não tivesse encontrado em uma família de músicos as condições necessárias ao cultivo de seus dons, seu gênio talvez não tivesse se manifestado de maneira tão brilhante. Mas ele também precisava trabalhar para resgatar seu saber do passado e ir mais adiante. Na Terra, para

"Deus amou o mundo de tal maneira..."

não estagnar ou retroceder, é preciso estar sempre se exercitando, estar sempre se esforçando.

Sim, qualquer que tenha sido no passado a grandeza de um ser humano, ele só poderá recuperá-la trabalhando. Até os Grandes Iniciados, os Mestres, apesar do poder e do conhecimento que possuíam em suas encarnações anteriores, devem esforçar-se muito para recuperá-los, pois nada é definitivamente adquirido. De uma vida a outra, eles precisam retomar o trabalho, esforçar-se, lutar. É um eterno recomeço. Até quando?... Isto só Deus sabe. De nossa parte, cabe fazer apenas uma coisa: continuar trabalhando.[5]

E muitos cristãos tampouco aceitarão a ideia de que Jesus precisasse de Mestres para se instruir. Queiram ou não, é a realidade, pois um Mestre é como uma parteira que ajuda a criança a vir ao mundo. Isso não significa que a parteira seja mais evoluída e instruída que a criança; ela pode ser analfabeta ou até bitolada, obtusa, e a criança, um futuro gênio, mas ainda assim é ela quem o ajuda a nascer.

Vejam bem, não estou dizendo que os Mestres que instruíram Jesus eram maiores que ele, mas fizeram o que faz uma parteira. Até os maiores dentre os filhos de Deus precisam de uma ajuda externa para também desabrochar e alcançar a maturidade espiritual. Jesus trazia consigo uma bagagem imensa de saber acumulado ao longo de suas encarnações anteriores, mas precisava novamente instruir-se e receber uma iniciação, para que esse saber voltasse à superfície.

Sabemos que uma criança abandonada e entregue a si mesma, sem ter a seu lado adultos que lhe ensinem a ficar de pé e a falar, comporta-se como um animal: continua andando de quatro, emitindo sons desarticulados, sendo muito difícil e às vezes até impossível educá-la. Isso é para fazê-los entender que, por mais elevado que seja o espírito que habita um corpo, uma criança ou um adolescente precisa ter junto a si adultos capazes de despertar esse espírito. Uma criança pode manifestar mais tarde qualidades intelectuais ou morais superiores às dos adultos que a educaram, e um discípulo pode tornar-se superior a seu Mestre; mas, assim como a criança precisa dos pais, o maior dos filhos de Deus também precisa de pais no mundo espiritual.

Como veem, é necessário esforçar-se para entender as coisas com mais profundidade e amplitude, de acordo com os fenômenos que ocorrem na natureza, pois é nela que encontraremos todas as explicações de que precisamos. Não devemos "inventar" explicações, mas constatar o que já existe, e então tudo se torna extraordinariamente simples.

Todos os seres humanos são feitos da mesma quintessência divina. A diferença entre eles é que alguns aprenderam a trabalhar essa quintessência para desen-

"DEUS AMOU O MUNDO DE TAL MANEIRA..."   77

volvê-la, ao passo que outros a deixam adormecida. É essa quintessência que chamamos imagem de Deus.

Quando nos comparamos a Jesus, é claro que a distância entre ele e nós se revela imensa. Mas se não fôssemos da mesma quintessência que ele, ele não teria dito: "Vós fareis as mesmas coisas que eu, poderão até fazer coisas maiores." Para fazer as mesmas coisas é necessário ser da mesma natureza que ele. O chumbo não pode fazer o que o ouro faz, pois não é da mesma natureza. Quanto a nós, podemos dizer que possuímos um átomo de ouro, mas cercado de toda uma camada de matérias de pouco valor. E nosso trabalho consiste em transformar essas matérias vis em ouro. Eis o verdadeiro sentido do trabalho alquímico.

Notas

1. Cf. *"Vous êtes des dieux"* [Vocês são deuses], Parte I, cap. 2: "Mon Père et moi nous sommes un" [Meu Pai e eu somos um].
2. Op. cit., Parte II, cap. 1: "Nature inférieure et nature supérieure" [Natureza inferior e natureza superior], e cap. 3: "Les trois grandes tentations" [As três grandes tentações].
3. Cf. *"Cherchez le Royaume de Dieu et sa Justice"* [Procurai o Reino de Deus e sua Justiça], Parte III, cap. 1: "Le corps, instrument de l'esprit. Le tableau synoptique" [O corpo, instrumento do espírito. Quadro sinóptico].

4. Cf. "*Vous êtes des dieux*" [Vocês são deuses], p. 168; p. 543-544; p. 554.
5. Op. cit., Parte IV: "Les lois de la destinée" [As leis do destino], cap. 2: "La réincarnation" [A reencarnação].

VI

JESUS, SOBERANO SACRIFICADOR SEGUNDO A ORDEM DE MELKITSEDEK

NUMA PASSAGEM DA Epístola aos Hebreus, São Paulo escreve: "(...) e foi quando Jesus chegou para nós como precursor, tendo sido feito soberano sacrificador para sempre segundo a ordem de Melkitsedek."

Melkitsedek... quem é esse personagem misterioso? Seu nome significa "Rei da Justiça", e ele só é mencionado duas vezes na Bíblia. A primeira vez por Moisés, no Gênesis: "Quando Abraão voltou, depois de ter derrotado Codorlaomor e os reis que estavam com ele... Melkitsedek, rei de Salem, trouxe pão e vinho; ele era sacrificador do Deus Altíssimo." E a segunda vez, por São Paulo, na Epístola aos Hebreus, dizendo a seu respeito: "Esse Melkitsedek, rei de Salem, que quer dizer 'Rei da Paz', sem pai, sem mãe, sem genealogia, nem princípio de dias nem fim de vida, mas que se assemelha ao filho de Deus, e permanece sacrificador eternamente."

Melkitsedek era o rei de Salem. Mas onde fica esse reino? E como devemos entender a realeza de Melkitsedek? Seria um rei terrestre ou um rei celeste? Como foi que Moisés tomou conhecimento de sua existência?... E o que diz a seu respeito São Paulo, de quem havia ouvido?... Certamente, de seu mestre, Gamaliel, que era um doutor da Lei, pois na tradição oral dos judeus era transmitido um ensinamento a respeito de Melkitsedek.

Melkitsedek é o representante de Deus na Terra, por Ele incumbido de acompanhar o desenvolvimento da humanidade. De que forma pode existir um ser que não tem pai nem mãe, nem começo nem fim? Para ser acessível, é preciso que tenha um corpo; e, com efeito, ele tem um corpo, mas não um corpo no sentido como o entendemos. Seu corpo é feito de uma substância etérea que ele pode materializar quando decide apresentar-se a um ser humano, tendo, por isso, o poder de aparecer e desaparecer.

Melkitsedek é, portanto, essa entidade encarregada por Deus de uma missão especial na Terra. Não se sabe quando recebeu essa incumbência, mas ele está sempre presente, e assim permanecerá, até o fim dos tempos. Todos os Grandes Mestres e os Iniciados vêm e vão, ao passo que Melkitsedek permanece. Esse reino de Salem no qual reina não é um reino terrestre; "Salem" significa paz, e esse lugar é simbólico. O reino de Melkitsedek é o reino dos Iniciados;

todos se instruíram com ele, todos tiveram Melkitsedek como instrutor. Ele continua vivo, podemos entrar em contato com ele, onde quer que estejamos. Certa tradição conta que ele mora no reino subterrâneo de Agarta — o filósofo René Guénon tratou do tema em seu livro *O rei do mundo*. Mas são as regiões invioladas do Himalaia que apresentam as melhores condições para encontrá-lo.

São Paulo, em cujos escritos o cristianismo se apoiou, revela algo de essencial ao escrever que Jesus era "sacrificador do Altíssimo segundo a ordem de Melkitsedek". Aquele que entra para uma ordem deve submeter-se a uma disciplina, a regras, a um ritual. Como é que São Paulo, que via em Jesus um ser tão sublime, pode afirmar que ele pertence a uma ordem? Desse modo, ele o situa sob a autoridade de um ser que lhe é superior: Melkitsedek. Mas será que isso diminui Jesus? Não. Jesus não se sente diminuído. Os cristãos é que talvez recusem essa verdade, não Jesus.

Jesus veio encarnar na Terra para mostrar aos homens como um filho de homem pode manifestar-se como filho de Deus. Recebeu essa missão de Melkitsedek, pois Melkitsedek identificava nele a mesma elevação, a mesma luz. Mas Melkitsedek não desce à Terra e adquire um corpo entre os seres humanos; seu espírito é que os instrui e penetra neles quando se tornam capazes de elevar-se até ele.

82 O QUE É UM FILHO DE DEUS?

Jesus devia vir e partir novamente, mas Melkitsedek permanece, pois tem outra missão a cumprir. Você dirá que Jesus não partiu, pois disse: "Eis que eu estou convosco todos os dias, até a consumação dos séculos." Sim, Jesus está sempre presente, continua a trabalhar no corpo etéreo da Terra. Mas Melkitsedek cumpre outra função: instruir todos os Grandes Mestres da humanidade. Por isso pode vir a ser conhecido por outros nomes, de acordo com as tradições em que é mencionado. Quando estive na Índia, perguntei a iogues e a sacerdotes: "A sua tradição menciona um ser que é o representante de Deus na Terra e que vive eternamente? Como é chamado?" E eles me responderam: "Sim, esse ser existe e é chamado Markandê."

Mas que lugar foi conferido pelo cristianismo a Melkitsedek? Ele foi quase totalmente esquecido. Muitas igrejas foram dedicadas a Cristo, à Virgem, aos anjos, aos apóstolos, aos santos! E nem só igrejas, quase todas as profissões foram postas sob a proteção de santos e santas; inúmeros fiéis têm seus santos prediletos: Santo Antônio, Santa Brigitte, Santa Odile, São Martinho, São Francisco etc. Não sou contra, mas por que esquecer Melkitsedek, o único a quem Jesus poderia ser comparado? Vocês podem dizer que ele está representado numa fachada da catedral de Chartres. Ah, sim, é verdade, e eu o vi... Mas com que rosto! Apagado, sem expressão, como se estivesse esgotado, quase inexistente. Me deu um aperto no coração ver esse ser tão grande, tão poderoso, tão luminoso, representado com traços tão insignificantes.

Para cumprir sua missão no mundo, Melkitsedek tem sob suas ordens milhões de operários, anjos, arcanjos, espíritos da natureza, e também os santos, os profetas, os Iniciados. Ele os leva a trabalhar para que contribuam com a evolução da humanidade. Verdade que Melkitsedek é o ser mais misterioso que existe na tradição iniciática, mas vale a pena pensar nele, ligar-se a ele e invocá-lo nas orações.

Em certos santuários antigos era tradição atribuir aos sacerdotes e sacerdotisas a função exclusiva de manter nos templos um fogo que jamais devia apagar-se. E ainda hoje encontramos nas igrejas uma lamparina que arde dia e noite. O fogo, a chama, a luz nas igrejas e nos templos lembram a presença da Divindade no universo, mas também no homem. Esse fogo é o amor, que, tal como o Sol, deve arder constantemente em seu coração. Na Terra, é Melkitsedek que mantém esse fogo, e todo aquele que estiver pronto pode acender seu coração em sua chama.

Mas o fogo só pode ser alimentado graças ao sacrifício. Por isso Melkitsedek foi chamado de sacrificador do Altíssimo. Para a maioria das pessoas, a designação de sacrificador evoca um personagem terrível que, munido de uma espada, dispõe-se a sacrificar um animal ou até mesmo um ser humano.

84 O que é um filho de Deus?

Não, o verdadeiro sacrificador é aquele que detém o segredo da transmutação da matéria, que é a própria condição da vida; e essa transmutação só poder efetuar-se através do fogo, do fogo físico, mas, sobretudo, do fogo espiritual, o amor.[1] A vida só é possível graças ao sacrifício, e todo o ensinamento de Jesus está marcado pelo sacrifício, o que indica que ele estava sob a autoridade de Melkitsedek, o sacrificador do Altíssimo.

Ao levar o pão e o vinho a Abraão, Melkitsedek dirigiu-se a ele nestes termos: "Bendito seja Abraão pelo Deus Altíssimo, criador do Céu e da Terra." Revelava-lhe assim um nome de Deus que ele ainda não conhecia: El-Elyon, Deus Altíssimo. Esse nome é mencionado no início do Salmo 91: "Quem habita na proteção do Altíssimo: Iochev beseter Elyon." Deus é o criador do Céu e da Terra, por isso é chamado Altíssimo. Aquele através do qual o universo e as criaturas começaram a existir está acima de tudo, nada nem ninguém pode superá-Lo. E como a criação baseia-se no sacrifício, cada região do universo foi confiada a um sacrificador, que dela se encarrega. Melkitsedek, sacrificador do Altíssimo, exerce sua função na primeira sephira: *Kether*.

Mas por que Melkitsedek, sacrificador do Altíssimo, foi a Abraão levar-lhe pão e vinho? Abraão acaba de conquistar uma vitória sobre os inimigos: Codorlaomor, rei de Elam, e os reis que estavam com ele, os reis de Sodoma, Gomorra etc. É então que Melkitsedek, rei de Salem, leva-lhe pão e vinho. Muitos pensarão que é um presente bem modesto. Um rei leva geralmente presentes suntuosos; naquela época, eram animais raros, tecidos, metais valiosos, madeiras e pedras preciosas... Em retribuição, para manifestar seu respeito e sua gratidão, o Gênesis diz que "Abraão deu-lhe o dízimo de tudo". Também aqui, como interpretar? Melkitsedek precisava que Abraão lhe desse cabeças de gado ou parte de suas colheitas? Tanto mais que lhe dava tudo isso em troca de um pedaço de pão e de um pouco de vinho! Dá para entender o desequilíbrio dessa troca?

Como em tantos relatos bíblicos, temos aqui símbolos que devem ser aprofundados e transpostos para a vida psíquica. Os reis vencidos por Abraão representam manifestações da natureza inferior, os instintos grosseiros, destruidores, sobre os quais cada homem deve triunfar para escapar à morte. Ao alcançar seu objetivo, ele recebe o pão e o vinho da vida, pois esses também são dois símbolos que resumem toda uma ciência.

O pleno alcance dessa ciência nos pode ser revelado durante a última refeição feita por Jesus com seus discípulos, pois nela Jesus fez pelos discípulos o que Melkitsedek fizera por Abraão. Não sabemos o que Melkitsedek disse a Abraão ao levar-lhe pão e

86 O QUE É UM FILHO DE DEUS?

vinho, mas sabemos o que Jesus disse a seus discípulos. Durante essa refeição, Jesus tomou o pão e o distribuiu entre os discípulos, dizendo: "Tomai, comei, isto é o meu corpo." Em seguida, tomou um cálice de vinho e os convidou a beber, dizendo: "Isto é o meu sangue." E acrescentou: "Quem come a minha carne e bebe o meu sangue tem a vida eterna." Essas palavras que os cristãos ouvem toda vez que vão à missa deveriam esclarecê-los sobre a distinção estabelecida por Jesus entre ele e esse princípio cósmico a que se deu o nome de Cristo. Caso contrário, teríamos de entender que eles deveriam realmente comer sua carne e beber realmente seu sangue, o que é absurdo.

Então, como entender esse pão e esse vinho que Jesus apresenta como seu corpo e seu sangue? São os símbolos dos dois princípios, masculino e feminino, sobre os quais repousa toda a criação. Em todos os reinos da natureza, e até no mundo divino, encontramos manifestações desses dois princípios. Tomemos simplesmente o fato de que a cor branca é geralmente associada ao pão e a cor vermelha, ao vinho. O branco e o vermelho são as duas cores da vida, a começar pelo sangue, composto de glóbulos brancos e glóbulos vermelhos. Essas duas cores também estão presentes no momento das primeiras relações sexuais entre um homem e uma mulher: o homem traz o branco e a mulher, o vermelho. Sem deter-me nesses detalhes, quero lembrar que nos países onde ainda são mantidas certas tradições é atribuída grande importância à virgindade da mulher antes do casamento. E quando uma criança é concebida, ela é alimentada inicialmente com o sangue (o vermelho) no ventre da mãe, e depois de ter nascido, com o leite (o branco).

Portanto, do ponto de vista simbólico, o pão e o vinho estão relacionados à perpetuação da vida, e resumem igualmente todos os alimentos de que se nutre o homem. O vinho não é bebido em todas as regiões do mundo, e, inclusive algumas religiões o proíbem aos fiéis, mas ele ainda assim é o símbolo do líquido nutritivo que complementa o alimento sólido, o pão. Você pode dizer que sua principal bebida é a água. Sim, é verdade. Mas por que terá Jesus transformado a água em vinho nas bodas de Caná?... E não foi água que ele deu aos discípulos na noite da Ceia. A água tem um outro significado no pensamento de Jesus, e precisamos saber nos orientar entre os símbolos.

Mesmo os padres que celebram a missa muitas vezes desconhecem o sentido profundo e universal dos símbolos. O pão e o vinho que apresentam aos fiéis como sendo o corpo e o sangue de Cristo, destinados a alimentá-los, devem ser interpretados como realidades espirituais, a fim de poder ocupar um lugar em sua consciência. Enquanto os cristãos não compreenderem os processos psíquicos e espirituais ocultos por trás do pão e do vinho, o ato de comungar não terá a menor utilidade. Para se alimentar realmente da carne e do sangue de Cristo é necessário que eles aprendam a ver neles os símbolos da sabedoria e do amor divinos. Aí, então, sim, encontrarão nesse pão e nesse vinho um alimento para sua alma e seu espírito, e aos poucos atingirão esse grau superior de vida a que Jesus se refere como "a vida eterna".[2]

O sacrifício da carne e do sangue foi vivenciado por Jesus fisicamente, depois, na cruz. Mas esse sacrifício tampouco pode proporcionar grande coisa àquele que ainda não compreendeu o que significa, no plano espiritual, a comunhão com o pão e o vinho. Nós comemos o pão, bebemos o vinho, e ao incorporar esses alimentos estamos nutrindo a vida em nós. Acontece que não absorvemos apenas alimentos, mas também sentimentos, pensamentos, desejos, que passam a fazer parte do nosso ser. Como símbolos, o pão e o vinho têm aplicação em nossos diferentes organismos: físico, psíquico e espiritual.

Em todos os planos, alimentar-se é a condição da vida. Ora, o que é comungar? Comer e beber. Comer e beber se faz pela boca, por todos os nossos órgãos sensitivos mas também e sobretudo por nosso coração, nosso intelecto, nossa alma e nosso espírito. Comungar é receber a vida, participar da experiência espiritual. E a vida espiritual é resultado de um encontro: o encontro entre a sabedoria e o amor, entre a luz e o calor. Quantas vezes já não lhes disse: "Meditem sobre o Sol, impregnem-se de sua luz e de seu calor: começarão então a ter uma ideia do que são, no plano espiritual, a carne e o sangue de Cristo, e poderão saborear a vida eterna." A cada dia, Cristo nos dá sua carne para comer e seu sangue para beber. Mas onde estão os cristãos capazes de se esforçar para compreendê-lo?

A fim de entender a verdadeira dimensão da comunhão somos obrigados a voltar muito no tempo, até Melkitsedek, que foi o primeiro a levar pão e vinho a Abraão. Hoje, a consagração do pão e do vinho pelo padre representa apenas, para muitos cristãos, a repetição de um fato histórico ocorrido há dois mil anos, em Jerusalém. Depois de dar-lhes pão e vinho, é verdade que Jesus disse aos discípulos: "Fazei isto em minha memória." Mas guardar apenas a lembrança é pobre, e essa lembrança não nos dispensa de aprofundar o imenso significado que Jesus atribuiu a esse ato. Por que não criou outro rito? Ele podia ter feito, mas repetiu o que Melkitsedek fizera anteriormente. Isso revela não só a importância que conferia a esse ato como sua vontade de confirmar que pertencia à linhagem de Melkitsedek

Notas

1. Cf. "*Cherchez le Royaume de Dieu et sa Justice*" [Procurai o Reino de Deus e sua Justiça], Parte VI, cap. 2, IV: "La croix cosmique" [A cruz cósmica], p. 435-436.

2. Op. cit., Parte VI, cap. III: "Celui qui mange ma chair et qui boit mon sang a la vie éternelle" [Quem come a minha carne e bebe o meu sangue tem a vida eterna].

VII

O HOMEM JESUS E O PRINCÍPIO CÓSMICO DE CRISTO

JESUS "FILHO ÚNICO de Deus"... Aquele que quiser entrar na cabeça de todos esses Pais fundadores, de todos esses papas, de todos os cardeais que se reuniram em concílios para debater e fixar aquela que é hoje considerada uma doutrina indiscutível, precisa ler obras extremamente complicadas. Li algumas dessas obras, mas de que serviria lhes falar sobre isso? Será que Jesus precisava de intérpretes para ser entendido?... Não só esses intérpretes contribuíram para confundir tudo, como as posições rígidas e fanáticas adotadas por eles levaram os cristãos a cometer as piores atrocidades em certas épocas: perseguir heréticos, encarcerá-los, torturá-los, condená-los à fogueira, massacrar povos inteiros...

No Sermão da Montanha, Jesus dissera: "Bem-aventurados os pacificadores, porque serão chamados filhos de Deus."[1] Entretanto, para convencer os "infiéis" de que Jesus era o Filho único de Deus os cristãos leva-

92 O QUE É UM FILHO DE DEUS?

ram a guerra a todos os lugares. Além de não perceber o quanto isso era contraditório com a mensagem evangélica, também acreditavam piamente que Deus um dia haveria de recompensá-los. Mas vamos deixar isso de lado...

Ao querer fazer de Jesus o filho único de Deus os cristãos confundiram o plano humano e o plano divino, o plano histórico e o plano cósmico.

Enquanto princípio cósmico, podemos dizer que o "Filho", a segunda pessoa da Santíssima Trindade, é o filho único de Deus. É a esse princípio cósmico que se deu o nome de Cristo, e é com esse princípio cósmico que o homem Jesus se identificou, pelo seu trabalho. A confusão toda decorreu do fato de não se ter sabido interpretar a palavra "filho". Cristo é o Filho de Deus na medida em que é sua emanação direta. Todavia, para entender essa ideia temos de nos reportar à Árvore sefirótica dos cabalistas e à sua teoria das emanações. A Árvore sefirótica, como já lhes disse, é para mim o melhor sistema de explicação do universo. É um esquema aparentemente muito simples, mas cujas possibilidades de aplicação se estendem ao infinito.[2]

Quando os cristãos apresentam a Santíssima Trindade como o mistério de um só Deus em três pessoas — o Pai, o Filho e o Espírito Santo —, estão apenas transpondo uma noção que encontramos na

Árvore sefirótica. O mundo divino, *Olam Atziluth*, é formado pelas sephiroth *Kether*, *Hohmah* e *Binah*. É, portanto, essa trindade cósmica que os cristãos chamam de Deus, e ao afirmar que Deus tem um Filho único inspiram-se na teoria cabalística das emanações. Mas chegamos a um terreno quase inconcebível para o cérebro humano, e por esse motivo só podemos ser entendidos recorrendo a imagens.

Diz-se que Deus criou o mundo "ex nihilo": a partir de nada. Ora, "nada" não existe. "Nada" corresponde a essa realidade que os cabalistas chamam de Ain Soph Aur: luz sem fim. Mas a própria designação de luz pode induzir-nos ao erro, pois, para nós, a luz é não só o que vemos, mas o que nos permite ver. Acontece que Ain Soph Aur, tal como entendida pelos cabalistas, é uma luz além da luz, uma luz de tal natureza que pode ser confundida com as trevas; é o Absoluto, o Não manifestado, a ausência aparente de todo movimento.

Para sair dessas trevas e dessa imobilidade aparentes o Absoluto impôs limites a si mesmo. Tratou de circunscrever um espaço e, em seguida, transbordando desse espaço, formou um primeiro receptáculo e o preencheu com suas emanações. Esse primeiro receptáculo é *Kether*, a primeira sephira. E *Kether*, por sua vez transbordando, formou *Hohmah*. *Hohmah* formou *Binah* e assim por diante, até *Malhouth*, a terra. Cada sephira é uma emanação da anterior. A par-

94 O que é um filho de Deus?

tir de *Kether* podemos dizer então que toda a criação não passa de um processo ininterrupto através do qual a luz foi se condensando sucessivamente. Sim, a criação é sempre a luz nascendo da luz.

Então, para entender o que é o Filho, a segunda pessoa da Trindade, devemos nos transportar em pensamento à origem da criação. O Filho é *Hohmah*, a primeira emanação de *Kether*, o Pai. Ele é que foi chamado o Verbo. Foi ele a primeira palavra proferida por Deus quando disse: "Haja luz!"[3] A luz é o filho primogênito de Deus, a substância que Deus engendrou para dela fazer a matéria da criação. Tudo que vemos ao nosso redor não passa de luz condensada. E essa luz que embaixo se torna matéria é, no alto, a síntese de todas as virtudes divinas.

Sim, a luz é essa realidade cósmica e espiritual que não podemos ainda conceber. Os místicos falam da luz, os físicos e os astrofísicos falam da luz e essa palavra, "luz", parece corresponder a realidades diferentes. Mas não, na origem se trata de fato da mesma realidade. A luz continuará sendo por muito tempo um enigma para os seres humanos; eles podem vê-la, podem senti-la, podem ter dela uma experiência interior, mas talvez nunca venham a saber o que ela é, exceto se chegarem, ao fim de um longo trabalho espiritual, a alcançar sua própria origem para fundir-se com ela. Foi o que fez Jesus, e é neste sentido que po-

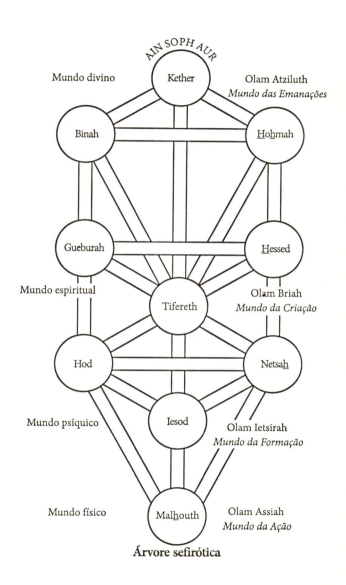

Árvore sefirótica

demos dizer que ele é Filho de Deus: porque se fundiu com o Verbo, que é a primeira emanação divina.

Agora dá para entender melhor. Não é porque foram usadas as mesmas palavras, "pai" e "filho", que devemos confundir realidades humanas com realidades cósmicas. Para nós, seres humanos, um pai e um filho são dois seres ligados por laços de sangue, ao passo que o Pai e o Filho, a primeira e a segunda pessoas da Santíssima Trindade, pertencem a uma ordem completamente diferente. Deus, o Pai, é o princípio criador; e seu Filho, chamado de Cristo pelos cristãos, é sua emanação. É esse princípio que deve descer em cada ser humano pela força do Espírito Santo, para que cada um se torne um verdadeiro filho de Deus, uma verdadeira filha de Deus.

Jesus recebeu o princípio de Cristo em plenitude, mas Jesus não é Cristo. Ele foi o condutor, foi a voz de Cristo, serviu a ele, identificou-se com Cristo, mas não é Cristo. Cristo, repito, é um princípio cósmico. Esse princípio pode encarnar-se num ser que se tenha preparado para recebê-lo; por si só, contudo, um ser humano, por mais excepcional que seja, não pode ser a única encarnação de Deus, pois isso não faz sentido.

Jesus era apenas um homem que viveu há dois mil anos na Palestina. Cristo, que é a segunda face do próprio Deus, nunca tomou um corpo físico e jamais o tomará, não pode tornar-se homem, entra somente nas almas e nos espíritos preparados para recebê-lo e fundir-se com ele. Assim foi que entrou em Buda, em Moisés, em Zoroastro, em Pitágoras etc. Cristo, que é um espírito de luz e amor, permanece espírito. E Jesus, como todos os outros Iniciados, tinha de percorrer todo um caminho para que esse espírito descesse nele. Veio a ser chamado de Jesus Cristo não porque fosse Cristo, mas porque recebeu Cristo. Compreendam bem, Cristo é uma entidade divina que nada tem a aprender na Terra, mas Jesus, sim. Jesus precisava instruir-se. Jesus, o homem, não podia dispensar a instrução terrestre, e durante 30 anos preparou-se para sua missão.

Se podemos dizer que Jesus era Deus, é no sentido em que vocês, eu, os animais, as árvores, as pedras, as estrelas... também somos Deus. Como tudo que existe saiu da substância divina, tudo é Deus. A única diferença está na consciência, e Jesus tinha a mais alta consciência da presença de Deus nele. Portanto, é essa consciência que devemos desenvolver, até nos fundirmos na Divindade para poder dizer um dia, como Jesus: "Meu Pai e eu somos um."

Como poderíamos imaginar que essa identificação de um homem com a Divindade jamais tivesse ocorrido antes de Jesus e jamais voltará a ocorrer? Semelhante afirmação significa negar o essencial do ensinamento de Jesus, que se baseia no conhecimento da natureza divina do homem, de todos os homens, pois ele dizia: "Sedes vós, pois, perfeitos, como é perfeito o vosso Pai celeste."[4] Com quem ele dialogava? Será que simplesmente falava ao vento? E quando dizia: "Aquele que crê em mim, esse também fará as obras que eu faço e as fará maiores do que estas"... Se ele fosse o próprio Deus, você acha que teria dito aos seres humanos que fariam obras superiores às de Deus?

Os cristãos, ofuscados pelas crenças que lhes são impostas há séculos, sequer conseguem ler corretamente um texto que têm diante dos olhos. Está aí, está escrito, mas eles não veem, não entendem. Eu me pergunto até como essa frase não foi eliminada. Se a real pretensão era manter tal distância entre os seres humanos e Jesus — o "filho único de Deus", logo, o próprio Deus —, tinham de suprimir essa frase!

Por meio de suas palavras, de seu exemplo, Jesus veio fazer com que os homens se conscientizassem de sua filiação divina. Mas como é que a Igreja quer que se inspirem nesse exemplo se ao dizer-lhes que ele é Deus criou entre eles uma distância incomensurável? Ela estava incumbida de esclarecer o ensinamento de Jesus, mostrando que o humano só existe por ser habitado pelo divino e que, por vocação, é preciso aproximar-se cada vez mais desse divino que trazemos em nós. Mas ao produzir todo tipo de histórias imaginárias a respeito do próprio mensageiro original ela não só não esclareceu esse ensinamento como acabou por obscurecê-lo ainda mais.

O HOMEM JESUS E O PRINCÍPIO CÓSMICO DE CRISTO   99

Certo dia, um professor universitário especializado em história das religiões me disse que alguns historiadores tinham uma explicação para o fato de a Igreja ter pretendido apresentar Jesus como um Deus: o motivo estava nas condições em que o cristianismo começara a ser difundido no Império Romano. Era impossível converter povos inteiros a uma religião cujo fundador havia sido uma vítima. Jesus martirizado e crucificado apresentava uma imagem de fraqueza que não convenceria muita gente. E a moral por ele pregada — brandura, humildade, perdão das ofensas, sacrifício — levava alguns a dizer que se tratava de uma religião para mulheres e escravos. Além disso, o próprio imperador romano era considerado uma divindade. Ainda que fosse um tirano sanguinário, um incapaz ou um louco, recebia o título de "deus", e todos deviam prosternar-se diante de suas estátuas — depois de morrer ele até entrava para o panteão das divindades romanas. Por isso que Jesus não podia ser considerado inferior a um imperador romano. Assim, como se dissera filho de Deus, os Pais da Igreja foram aos poucos levados a apresentá-lo como a encarnação viva de Cristo; e como ele morrera, era necessário que ressuscitasse e subisse ao Céu, exatamente como os imperadores romanos.

Claro, é uma explicação. Mas devemos raciocinar... Há quanto tempo desmoronou o Império Romano?... Séculos e séculos se passaram desde que

100 O QUE É UM FILHO DE DEUS?

morreu o último imperador de Roma, mas a Igreja continua contando as mesmas fábulas a respeito de Jesus. Sei que não sou o único a pensar assim. Mesmo na Igreja, há quem não acredite ou quem abandonou a crença de que se possa identificar Jesus com Cristo. Não o dizem para evitar escândalos ou, então, quando tentam dizê-lo, logo se procura abafar sua voz. Como levar então a Igreja a reconhecer tais erros?

A Igreja confundiu Jesus com Cristo, não tanto pelo prestígio de Jesus, mas pelo prestígio dela, pois precisava conquistar e conservar o prestígio. Ela, certamente, também quis fazer o bem aos cristãos, estimulando-os a acreditar graças a uma imagem prodigiosa de Jesus. É possível que por um momento isso pudesse fazer bem a alguns, mas sempre chega o momento em que uma religião não pode sustentar-se em afirmações errôneas. E, aliás, bem vemos o que acontece hoje em dia: é cada vez maior o número de fiéis que se afastam das igrejas. Os padres, os bispos e os cardeais reúnem-se para debater esse fenômeno, que lhes causa preocupação. É mesmo, as pessoas estão se afastando da religião. Ou não têm mais fé ou adotam crenças bizarras, as quais nem devem compreender, mas de quem é a culpa? Todo ser humano vem ao mundo com uma marca divina, e se não toma consciência disso ou perde essa consciência, é porque os padres, os pastores, os papas, etc., não fizeram direito seu trabalho.

O HOMEM JESUS E O PRINCÍPIO CÓSMICO DE CRISTO   101

Parece até que a Igreja não quis ver onde estava a verdadeira grandeza de Jesus, esse homem que veio um dia revelar aos outros homens que eram todos de essência divina, todos igualmente filhos e filhas do mesmo Pai celeste. Em vez de ter tanto trabalho para demonstrar e repetir que Jesus e Cristo eram a mesma pessoa, teria sido mais útil que ela explicasse aos seres humanos o que eles próprios são. Sim, a chave da religião é que o homem aprenda, antes de mais nada, quem ele é. Só assim poderá empreender um trabalho em profundidade. Até então, estará apenas aplicando todo tipo de teorias e crenças a algo que não conhece: ele próprio.

Se Jesus era, por natureza, diferente de todos os outros homens, como poderia esperar ser compreendido por eles e, sobretudo, ser um exemplo para eles? Se eu lhes pedir para pregar a uma galinha, a um rato ou a um gato, a seguinte mensagem: "Veja só, eu componho sinfonias e óperas, escrevo poemas, faço pesquisas sobre o átomo e as estrelas, então observe bem como eu faço e faça como eu", vocês vão ficar olhando espantados para mim e achando que eu enlouqueci... Como esses animais não têm a mesma natureza que vocês, não é possível pedir-lhes que ajam como vocês. Caberia então concluir que Jesus era um insensato, já que, sendo Deus, como se alega, pedia aos seres humanos que fizessem as mesmas coisas que ele, prometendo-lhes até que seriam capazes de

102   O que é um filho de Deus?

fazer coisas ainda maiores. Isso mesmo, é preciso, apesar de tudo, raciocinar um pouco. Por que será que a religião é um terreno em que o raciocínio não tem vez?

Essa afirmação equivocada da divindade de Jesus acarreta consequências lamentáveis, sendo a mais grave a distância intransponível que é estabelecida entre os homens e Jesus. E como Jesus estava tão longe, tornou-se necessário um intermediário entre ele e os homens; a Igreja, então, naturalmente se atribui esse papel de intermediário dizendo: "Fora da Igreja não há salvação." Mas quanto orgulho, quanta presunção! E hoje talvez os cristãos se sintam orgulhosos de pertencer a uma religião na qual lhes é dito que o próprio Deus desceu à Terra para salvá-los. Infelizmente, não é essa crença que os salvará. Para ser salvos, eles precisam saber que aquele que veio dar o exemplo não era de uma natureza diferente da deles e que, portanto, eles também têm a possibilidade de um dia vir a ser como ele.

A crença de que há dois mil anos Deus quis manifestar seu amor pelos seres humanos enviando à Terra seu filho único talvez tenha ajudado alguns a evoluir, durante certo período, mas agora é preciso deixar para trás esse absurdo. Pois não temos aí uma boa compreensão do amor de Deus, que é imenso, inesgotável, infinito. Deus teve muitos filhos... e filhas. Teve e ainda terá muitos. Há milhões de anos,

O HOMEM JESUS E O PRINCÍPIO CÓSMICO DE CRISTO   103

Ele envia seres excepcionais à Terra para esclarecer seus irmãos e suas irmãs, e continuará enviando outros. Nem se preocupa se os cristãos O proíbem de enviar quem quer que seja depois de Jesus, ou se afirmam que antes da vinda de Jesus a humanidade estava privada da verdadeira luz.

E todos esses seres que contribuíram com culturas e civilizações admiráveis? Só por que tiveram a infelicidade de não conhecer a religião cristã suas almas, depois da morte, estavam condenadas a viver por toda a eternidade longe da face de Deus. Leiam Dante e verão que, segundo ele, até filósofos como Platão estão condenados a viver no Inferno. Dante certamente era um grande poeta, mas também foi deformado pelo ensinamento da Igreja. Como imaginar que qualquer cristão, simplesmente por ter sido batizado, mereça uma salvação que Platão não merece? De onde foi que a Igreja tirou a pretensão de impor crenças dessa natureza? Como se a salvação dos seres humanos dependesse da época em que viveram: antes de Jesus, depois de Jesus! A Igreja pode perfeitamente insistir em estabelecer um início e um fim para a revelação divina, mas o Senhor não se impressiona com esses decretos e continua a ignorá-los.

A religião cristã não perderá nada de sua grandeza se deixar de afirmar que foi o próprio Cristo que desceu à Terra na pessoa de Jesus. Por que insistir em basear o cristianismo numa afirmação tão absurda?

104 O QUE É UM FILHO DE DEUS?

Que me mostrem onde estão os resultados tão magníficos dessa crença. Será que os cristãos realmente se mostraram à altura desse Filho de Deus que é o fundador de sua religião?...

E agora os cristãos novamente aguardam sua vinda. No entanto, esperar a vinda de Cristo como um acontecimento a verificar-se no tempo é uma atitude extremamente ingênua. Pois Cristo não existe no espaço nem no tempo, ele vive no infinito e na eternidade. Assim, que se diga que ele veio, que vem ou que virá, dá no mesmo, não existe uma data para a sua vinda. Como não se deve confundir a vinda de Cristo com a de Jesus, não devemos esperar sua volta. Precisamos apenas trabalhar para fazê-lo nascer e se manifestar em nós. Chegou o momento de deixar para trás todos esses devaneios a respeito da volta de Cristo. Vocês dirão: "Mas está escrito que ele chegará sobre as nuvens!" Sim, como no teatro, não é mesmo? Exatamente como, no fim de uma peça, desce do Céu um Deus que resolve todos os problemas dos infelizes seres humanos. Mas entendam que essas nuvens são simbólicas!

As nuvens, que pertencem ao domínio do ar, representam simbolicamente o plano mental. Em primeiro lugar, é na mente dos seres humanos que Cristo deve vir, e ele vem como sabedoria; depois desce ao coração, que representa o domínio da água, onde ele se manifesta como amor. Finalmente, quando essa

O HOMEM JESUS E O PRINCÍPIO CÓSMICO DE CRISTO 105

sabedoria e esse amor se concretizam em seus atos, podemos dizer que Cristo realmente estabeleceu seu Reino na Terra. Pois é, só podemos entender os Evangelhos quando conhecemos a linguagem dos símbolos, que é a linguagem universal. Para aquele que não conheça essa linguagem, eles permanecerão para sempre inacessíveis. Além do mais, o que esperam vocês? No atual estado das coisas, mesmo se Jesus voltasse, não adiantaria nada, ele iria de encontro aos interesses de tantas pessoas que dariam um jeito de fazê-lo desaparecer. Cristo só pode vir se os homens trabalharem para trazê-lo primeiro neles mesmos.

E não pensem que ao afirmar isso eu me afaste de Jesus. Pelo contrário, estou mais próximo de Jesus que os que acreditam em coisas nas quais ele próprio não acreditava. Perguntem a ele e receberão como resposta que o espanta o fato de cristãos continuarem apegados a tais invencionices. Naturalmente, se eles quiserem ficar com essas invencionices, que fiquem! Logo poderão ver qual é sua utilidade... Nenhuma!

Infelizmente, quanto mais os cristãos fantasiaram a respeito de Jesus, mais se convenceram de que lhe estavam dedicando amor e admiração. Com palavras é fácil demonstrar adoração. Mas se respeitamos Jesus, se o amamos, não só devemos evitar cometer atos que possam ofendê-lo, mas, sobretudo, temos de nos esforçar para compreender seu pensamento.

106   O que é um filho de Deus?

Em cada ser humano que vem ao mundo é invariavelmente o princípio divino que desce para se encarnar, esse princípio que os cristãos chamam de Cristo. Sim, esse sacrifício que Deus faz ao enviar "seu filho", ou seja, uma emanação dele próprio, repete-se cada vez que uma criança vem ao mundo; cabe a ela então trabalhar a vida inteira para que sua natureza divina, Cristo, estenda seu poder sobre sua natureza humana (isto é, sua natureza física e sua natureza psíquica), pondo-a a seu serviço. Em Jesus, a fusão da natureza humana e da natureza divina deu-se à perfeição. Ele pôde identificar-se com seu Pai celeste porque foi capaz de se livrar de todos os empecilhos que impediam essa fusão. Seja qual for o grau evolutivo em que se encontre, todo ser humano possui pelo menos em germe essa natureza divina, e sua vida na Terra só tem sentido caso se conscientize da necessidade de desenvolver esse germe. Seja qual for o Mestre espiritual que ele siga, sua única tarefa é cultivar em si mesmo esse germe da Divindade.

Jesus, portanto, não é Deus que encarnou em um momento da história. Mas, em certo momento da história, houve um ser que havia adquirido no mais alto grau a consciência de sua dignidade de filho de Deus e quis ensinar aos homens que eles também eram todos filhos de Deus, portadores de Cristo. Em vez de se compenetrar dessa verdade, os cristãos dedicaram-se a celebrar a divindade de Jesus e a con-

O homem Jesus e o princípio cósmico de Cristo   107

denar, perseguir e até exterminar as outras religiões e todos aqueles que não aceitassem a "verdadeira fé", como dizem. Já o exemplo do próprio Jesus eles não se preocuparam tanto em seguir. E a questão que hoje se coloca é a seguinte: será que não foi a Igreja que limitou, com sua atitude, a difusão dessa mensagem verdadeiramente revolucionária? Bastava ler corretamente os Evangelhos para entender o que se devia reter dessa mensagem. Mas não, a Igreja fechou os olhos para certas verdades e fabricou outras.

Não me oponho à autoridade da Igreja. É útil e mesmo necessário que exista uma instituição moral, espiritual, da qual os homens possam receber orientação, conselhos. O que eu não aceito são as bases sobre as quais ela assentou sua autoridade e a maneira como a tem exercido. Hoje ela se preocupa com a proliferação das seitas. Pois bem, deve saber que é ela própria, por não ter sido capaz de cumprir corretamente sua missão, a maior responsável por tal situação.

É preciso que a Igreja finalmente se dê conta dos disparates que vem cultivando na cabeça e no coração dos cristãos, assim como das monstruosidades que essas crenças a levaram a cometer. Não se precipitem em dizer que minha intenção é combatê-la, não, eu quero ajudá-la, pois se ela persistir lançando seus fundamentos sobre afirmações tão errôneas acabará perdendo todo crédito. Uma religião deve ter por objetivo, essencialmente, a transformação e o aperfeiçoamento do ser humano, mas esse não pode crescer se lhe estão constantemente dizendo que seu fundador é de uma natureza diferente da sua. Os cristãos só poderão verdadeiramente dizer-se discípulos de Jesus se eles se esforçarem para imitar seu exemplo e se tornarem como ele, pois compartilham da mesma natureza.

Com certeza, ao longo da história, houve entre os cristãos seres de elite que, apesar dos aspectos sombrios e das limitações do ensino que haviam recebido da Igreja, conseguiram elevar-se a uma compreensão excepcional da mensagem de Jesus. Seja na política, na ciência, na arte, na filosofia e, portanto, também na religião, existem sempre seres capazes de superar os limites que se tentam impor-lhes. Mas não é a eles que eu me refiro, eu falo daqueles que não têm as mesmas faculdades mentais, psíquicas e espirituais; a esses, em nossa época, o ensinamento da Igreja já não pode esclarecer tanto assim.

Nem pensem que, a pretexto de trazer os jovens de volta à religião, basta "modernizar" o culto, incluindo danças e músicas, como se estivéssemos numa boate. Não é assim que se inculca uma fé autêntica nos jovens. Para sacudir o corpo, eles sempre estarão melhor nas discotecas do que nas igrejas, e na igreja não ouvirão nada que realmente possa ajudá-los.

A Igreja se apropriou de Jesus para produzir um cristianismo à sua maneira, mas eis que essa propriedade começa a fugir de suas mãos. Sim, e é uma pena, pois ela ganhará muito com uma melhor compreensão. Jesus deixará o terreno histórico para entrar no terreno universal, no qual todos compreenderão que podem receber Cristo em si mesmos. Isso pode contrariar os interesses de alguns, mas não importa, não estou aqui para defender meus interesses, vim para levantar certos véus, e o futuro mostrará se o que digo é verdade ou não. Cristo não pertence a uma pequena sociedade num cantinho da Terra. E os outros planetas? Será que Deus os privou de sua presença? Talvez Cristo também tenha encarnado em outros planetas! Como Deus é amor, também foi visitá-los.

Sei que minhas palavras podem chocar muitos cristãos. Sinto muito, mas é preciso dizer a verdade: o cristianismo não poderá sobreviver por muito tempo se a Igreja não decidir livrar seus ensinamentos de tudo que acumulou de inútil e até nocivo para se concentrar no essencial. E o essencial está dito na Oração dominical: o "Pai-nosso". Essa oração nem chega a ocupar uma página, mas suas poucas linhas bastam para revelar a ciência de Jesus. Não é pelo número de livros escritos que se julga alguém, sua sabedoria, sua profundidade. No caso de um poeta ou de um músico, basta uma única página para revelar que ele é um gênio. O mesmo com um virtuose: em três movimentos ou alguns acordes ele extrai do violino ou do piano sonoridades extraordinárias que transportam o público. Sim, apesar da brevidade, o Pai-nosso é um monumento insuperável.[5]

Nessa oração vocês podem trabalhar toda a sua vida, e mesmo além dela, em existências futuras, pois nunca esgotará seu conteúdo, sendo ela uma espécie de semente que cada qual pode plantar profundamente em seu solo interior. Uma semente é minúscula; se a pesarem, vocês verão que ela tem apenas alguns miligramas, podendo ser levada por um leve sopro de vento; mas se vocês a plantarem, a cada dia poderão ver crescer alguns ramos, flores, frutos... e esses frutos, por sua vez, darão outras sementes, que vocês continuarão a semear, e outras árvores magníficas começarão a crescer.

Foi o que eu fiz com o Pai-nosso. Peguei essa semente e a plantei na terra do meu ser, cuidei, reguei, aqueci, iluminei, e ela se tornou uma árvore cujas raízes mergulham profundamente em minha alma e cuja copa se eleva até o Céu. Por isso lhes digo que podemos aprofundar infinitamente essa oração, que ela abarca todas as esferas da vida, atinge todos os nossos processos psíquicos e espirituais e confere um sentido à nossa existência. Mas, como no caso da semente, em primeiro lugar é preciso plantá-la, fazê-la viver em nós. E, então, descobrimos gradativamente toda a sua riqueza. Sim, mas os

O HOMEM JESUS E O PRINCÍPIO CÓSMICO DE CRISTO   **111**

cristãos recitam essa oração, por toda parte a trazem nos lábios e jamais a plantam. Que podem então saber a seu respeito? É uma semente que não foi enterrada no solo, e permanece ali, obscura, inerte, sem qualquer utilidade para eles.

"Pai nosso que estás no Céu..." Já nestas primeiras palavras quantas coisas para se compreender! Se nosso Pai está no Céu, é porque nossa verdadeira pátria está no alto, no mundo divino. E em vez de representar esse Pai à imagem dos pais da Terra — por que os seres humanos sempre encontram um jeito de depreciar os seres e as coisas, colocando-os no seu nível? — devemos realizar interiormente todo um trabalho para nos elevar até esse Pai, compreender qual é esse Céu onde temos a nossa origem e o que significa ser filho de Deus.

À medida que uma religião se propaga no mundo, perde sua pureza inicial. Com o tempo, o espírito vai embora, restam apenas formas, ritos, prescrições. Que distância entre a maneira como ela é administrada e o que havia originalmente na mente daquele que a trouxe! Por quê? Porque não se soube preservar o espírito. E por que não se sabe preservar o espírito? Porque sempre se dá um jeito de fazer com que as ideias mais nobres sirvam aos interesses mais egoístas. Felizmente, o espírito divino que habita todas as religiões jamais se deixa sufocar completamente, e

112 O que é um filho de Deus?

como um fogo latente sob as cinzas aguarda o momento propício para se reativar.

Assim, não precisamos preocupar-nos com as religiões, mesmo quando estão aparentemente mortas e enterradas, pois na realidade elas se preparam para renascer, sob outra forma. É com os seres humanos que devemos nos preocupar, esses seres que não sabem o que perdem ao não fazer o esforço de descobrir neles mesmos a presença de seu Pai e de sua Mãe celestes, para se reconhecer como seus filhos.

Notas

1. Cf. *"Vous êtes des dieux"* [Vocês são deuses], Parte II, cap. 7: "Bienheureux ceux qui apportent la paix" [Bem-aventurados aqueles que trazem a paz].
2. Op. cit., Parte III, cap. 2: "L'Arbre de Vie" [A Árvore da Vida].
3. Cf. *"Cherchez le Royaume de Dieu et sa Justice"* [Procurai o Reino de Deus e sua Justiça], Parte II, cap. 1, II: "Que la lumière soit!" [Haja luz!]
4. Cf. *"Vous êtes des dieux"* [Vocês são deuses], Parte I, cap. 1: "Soyez parfaits comme votre Père céleste est parfait" [Sejam perfeitos como seu Pai celeste é perfeito].
5. Cf. *"Cherchez le Royaume de Dieu et sa Justice"* [Procurai o Reino de Deus e sua Justiça], Parte I: "La prière dominicale: Notre Père que es aux cieux" [A oração dominical: Pai nosso que estás no Céu].

VIII

NATAL E PÁSCOA: DUAS PÁGINAS DO LIVRO DA NATUREZA

NATAL E PÁSCOA — o nascimento de Jesus e sua ressurreição — são as duas principais festas dos cristãos.[1] A primeira situa-se no início do inverno, no hemisfério norte, e a segunda, na primavera do mesmo hemisfério. Por quê? Na realidade, não existe qualquer prova de que Jesus tenha nascido num dia 25 de dezembro, nem mesmo no inverno. Quanto à festa de Páscoa, sua data muda anualmente, pois é celebrada no domingo após a primeira Lua cheia de primavera. Se Jesus ressuscitou três dias depois da morte, como se dá que essa morte mude de data todo ano?... Na realidade, o lugar do Natal e da Páscoa no calendário deve nos fazer entender que essas festas precisam ser interpretadas simbolicamente, relacionadas com a vida da natureza.

Em determinados períodos do ano ocorrem fenômenos que afetam todas as formas da vida do universo. Os Iniciados conhecem as leis que presi-

114 O QUE É UM FILHO DE DEUS?

dem esses fenômenos e através de suas invocações, de seus cantos, e também de suas danças, inscrevem, no invisível, pentáculos, figuras geométricas cujas linhas de força atraem do espaço correntes benéficas. Eles se valem dessas correntes para o seu trabalho, dirigindo-as também para todos aqueles que se mostram vigilantes e despertos no mundo, e podem, em seu coração e em sua alma, participar desses acontecimentos.

O Natal e a Páscoa, o nascimento de Jesus e sua ressurreição, representam duas páginas do Livro da Natureza. É possível que essa ideia não seja aceita por muitos cristãos, mas, em vez de se sentirem ofendidos, eles deveriam refletir. Não fui eu que decidi sobre essas festas, e aqueles que estabeleceram suas datas, há muito tempo, possuíam um grande conhecimento das relações existentes entre a natureza e a alma humana. Meditando profundamente sobre a vida de Jesus e seu ensinamento, eles entenderam que, por Jesus se identificar com o princípio cósmico de Cristo, nele havia ocorrido um encontro ideal entre a vida espiritual e a vida da natureza, assim como a universal.[2]

Depois vieram outros, teólogos, papas, cardeais, os quais, seja por não terem realmente entendido, seja porque não quisessem entender, deixaram de diferenciar o homem Jesus das realidades cósmicas de que se havia tornado expressão viva, ao se identifi-

NATAL E PÁSCOA: DUAS PÁGINAS DO LIVRO DA NATUREZA 115

car com Cristo. Eles confundiram o que pertence ao mundo físico e o que pertence ao mundo simbólico. E se os cristãos sempre têm tanta necessidade de ver o maravilhoso na vida de Jesus (seu nascimento por intervenção do Espírito Santo e sua ressurreição três dias após a morte), é porque ainda não aprenderam o que é realmente a vida espiritual nem como ela está ligada à vida da natureza.

Como associaram a natureza ao paganismo, os cristãos a rejeitaram — chegando alguns, inclusive, a denunciar nela o reino do diabo! —, entregando-se a todo tipo de invencionices a respeito de Jesus. No entanto, basta ler algumas páginas dos Evangelhos para constatar que quase sempre Jesus expressa as verdades da vida espiritual valendo-se de exemplos da natureza: o grão de mostarda, a espiga de trigo, a colheita, a uva, a vindima, o lírio do campo e os pássaros do céu, a serpente, a pomba, a chegada das nuvens... E tantas imagens com a presença da água! Jesus estudava a natureza, que é obra de Deus, e a entendia. Não elaborava teorias complicadas, não falava de mistérios. Como deixar de ver que, também para Jesus, a natureza era um livro? E quando não usa imagens da natureza, ele vai buscá-las na vida cotidiana das pessoas, que de certa maneira é a ampliação da vida da natureza: o fermento, a lamparina a óleo, os talentos (moedas), o pão dado aos cãezinhos, o banquete de núpcias, os trajes de festa, as relações entre o empregado e seu senhor etc. Nem posso enumerar todas elas.

Mas os teólogos cristãos, que não entenderam como é possível ser simples e ao mesmo tempo profundo e inspirado por Deus, confundiram tudo. Não conseguem mais captar a dimensão espiritual de todas essas imagens inspiradas da natureza. No entanto, é tudo que eu compreendo: as imagens da natureza. Dizem que as imagens são coisa para crianças. Claro, se ficarmos no aspecto superficial, na aparência exterior, as formas, as cores, as imagens servem apenas para divertir as crianças. Mas o conteúdo, o sentido de uma imagem, só pode ser decifrado pelos sábios. Nem mesmo as pessoas ditas instruídas são capazes de decifrá-lo, pois o intelecto é impotente quando se trata de descobrir o conteúdo simbólico das imagens. Aliás, é por isso que encontramos tantos supostos esoteristas que não sabem interpretá-las: misturam tudo. As imagens simbólicas são para os sábios e para os Iniciados, que observaram e estudaram a natureza, meditaram sobre seus diferentes aspectos e manifestações, e graças à acuidade de sua visão interior conseguiram sentir o vínculo existente entre o Céu e a Terra, assim como entre a natureza e o ser humano.

Querendo se diferenciar o mais nitidamente possível do paganismo, que se caracterizava pelo culto às forças da natureza, o cristianismo cortou os elos vivos com o universo. Por isso é que ainda hoje o

Natal e Páscoa: duas páginas do livro da natureza 117

sentido profundo de sua religião escapa aos cristãos. Eles comemoram o nascimento de Jesus em 25 de dezembro, comemoram sua ressurreição na primavera, e muitos nem sabem por quê. Só alguns Iniciados que possuem a verdadeira ciência dos símbolos veem no nascimento e na ressurreição de Jesus processos relacionados à vida cósmica e que, portanto, têm um alcance universal.

Natal e Páscoa representam duas páginas essenciais do Livro da Natureza. É assim que devemos meditar sobre a vida de Jesus. Sim, Jesus foi um personagem histórico, mas não é tanto nesse ponto que devemos nos deter: onde nasceu, quem eram seu pai e sua mãe, os caminhos da Judeia, da Galileia ou de Samaria que ele percorreu, com quem teve contato... E de nada serve, tampouco, inventar a seu respeito todo tipo de acontecimentos maravilhosos, como se as leis da natureza não tivessem ascendência sobre ele. É preciso que fique bem claro: a superioridade de Jesus não decorre de supostamente ter-se esquivado às leis da natureza, mas, ao contrário, de ter sabido entender suas leis, interpretá-las e aplicá-las na vida interior.

Jesus foi um ser prodigioso, pois, por sua vida e suas palavras, esclarece para nós os mistérios do universo e de nossa vida interior; e, então, cada leitura do Evangelho nos proporciona uma visão sobre o essencial. Por isso é que agradeço ao Céu por ter me

118 O QUE É UM FILHO DE DEUS?

dado essa faculdade de poder entender as imagens. Todas as manifestações da vida estão diante de nós, ao nosso redor, como um livro inesgotável, e é através delas que quero instruí-los. As elucubrações abstratas sobre esta ou aquela questão metafísica nada poderão proporcionar-lhes, mas as imagens, sim, são tão precisas e claras que para sempre permanecerão em sua cabeça, como realidades irrefutáveis.

Notas
1. Cf. *"Vous êtes des dieux"* [Vocês são deuses], Parte IX, cap. 1: "La fête de Noël" [O Natal], e cap. 3: "La résurrection et le Jugement dernier" [A ressurreição e o Juízo Final].
2. Op. cit., Parte III, cap. 1: "Dieu, la Nature et l'homme" [Deus, a Natureza e o homem].

IX

O NASCIMENTO DA CRIANÇA CRISTO

AO COMEMORAR o Natal, os cristãos celebram o nascimento de Jesus: vão à missa da meia-noite, comem, bebem, mas o verdadeiro sentido desse nascimento é esquecido, ou talvez nunca tenha sido verdadeiramente conhecido. O cristão que comemora o Natal deveria perguntar-se o que mais além de cantos e festejos, Jesus esperaria como lembrança de seu nascimento há dois mil anos.

Todo ano, no Natal, a cristandade repete que Jesus nasceu. Sim, há séculos que todos sabem do nascimento de Jesus. Mas repeti-lo de nada serve se os cristãos não entenderam que esse acontecimento só terá realmente sentido no dia em que eles se esforçarem por também suscitar em si mesmos o nascimento do princípio divino, Cristo, de que Jesus foi a expressão perfeita. Se Jesus nasceu, foi para que, depois dele, gerações e gerações de homens nasçam para a vida divina. "Mas", dirão alguns, "como deixar de comemorar que há dois mil anos tenha ocorrido

120   O QUE É UM FILHO DE DEUS?

esse acontecimento extraordinário: o filho de Deus veio à Terra para a salvação dos homens?" Sim, mas comemorar não basta.

"Evangelho" é uma palavra de origem grega — *eu-anguelion* — que significa, literalmente, "boa" (*eu*) "nova" (*anguelion*). Ora, o que é uma nova (notícia)? O anúncio de um acontecimento que até então não se conhecia. Esse acontecimento é anunciado pelo anjo (do grego *anguelos*: mensageiro) aos pastores. Vejam vocês essa relação entre as palavras "anjo" e "evangelho". O anjo diz: "Nasceu hoje, na cidade de Davi, o Salvador." A questão é apenas entender o que é um salvador e o que é a salvação. Os seres humanos imaginam todo tipo de coisas sobre o que pode salvá-los... e pensam, sobretudo, nos meios materiais, claro! Porém, a salvação que Jesus veio trazer é um ensinamento da vida, de uma vida cada vez mais purificada, iluminada, espiritualizada.

O que constitui o vínculo mais forte entre um pai e seus filhos é, naturalmente, a vida, a vida que lhes deu, e ele não só espera que não a desperdicem, mas também que saibam torná-la útil, sensata, bela, rica. É este o sentido da parábola dos servidores e dos talentos.[1] Antes de sair em viagem, um homem manda chamar seus empregados: ao primeiro, confia cinco talentos, ao segundo, dois, e ao terceiro, um, a cada um "de acordo com sua capacidade", esclarece o

O NASCIMENTO DA CRIANÇA CRISTO

Evangelho. Ao retornar, ele os chama para pedir-lhes contas: o primeiro empregado fez frutificarem seus talentos e tem agora o dobro; o segundo, igualmente, e os dois são cumprimentados e recompensados. Quanto ao terceiro empregado, limitou-se a enterrar o talento que recebera! Por isso, seu senhor dirige-se a ele com grande severidade, e solicita em seguida que lhe seja tomado o talento, para entregá-lo àquele que agora dispõe de dez. Como veem, o patrão não toma de volta os talentos que havia confiado aos empregados fiéis e inclusive lhes acrescenta o talento que o empregado negligente não soubera fazer frutificar.

Essa parábola de Jesus é de grande profundidade: explica como o ser humano deve encarar a vida que recebeu de Deus. Deus não precisa de nenhuma de nossas posses, nós as adquirimos graças à vida que Ele nos deu, e Ele as deixa em nosso poder. A única coisa que nos pede é que demonstremos respeito e consideração por esse dom tão precioso que é a vida, fazendo-a frutificar em nós, dando-lhe novas cores, novos perfumes, novos sabores. Essas contas é que devemos preparar-nos diariamente para prestar ao Senhor. E aquele que se mostrar negligente, preguiçoso, desrespeitoso, será privado das riquezas da vida: pouco a pouco perderá não só a saúde, mas também certas faculdades, certas inspirações; os seres e as coisas já não terão para ele tanto interesse, não lhe proporcionarão tanta alegria.

122   O que é um filho de Deus?

Vocês podem ver que a salvação que Jesus traz diz respeito à compreensão dessa vida que recebemos de Deus. E se os dois eventos que a cristandade mais celebra são o nascimento de Jesus e sua ressurreição, é justamente porque se referem diretamente à vida: o nascimento representa o surgimento da vida e a ressurreição, sua renovação, sua regeneração.

Se quisermos então compreender o que é essa vida à qual Jesus veio nos fazer nascer, não devemos nos contentar em comemorar o Natal ao redor de uma manjedoura, repetindo: há dois mil anos Jesus nasceu num estábulo modesto, entre um asno e um boi, para em seguida enternecer-nos com um bebê seminu depositado num colchão de palha. Ah, claro que é encantador, comovente, com José e Maria, os Reis Magos, os pastores, as ovelhas e os anjos suspensos cantando acima da manjedoura. Sim, é emocionante, mas precisamos ir mais adiante.

Para entender o que é um nascimento no sentido espiritual, iniciático, o nascimento tal como o entendia Jesus, o segundo nascimento, devemos reportarnos à resposta que deu a Nicodemo: "Em verdade, em verdade te digo, que se alguém não nascer da água e do Espírito, não pode entrar no Reino de Deus."[2] Para entrar no Reino de Deus, ou seja, para nos manifestar como filhos de Deus, devemos ter interiormente uma mãe e um pai, esses pais espirituais que Jesus designa como a água e o espírito. A água e o espírito repre-

O NASCIMENTO DA CRIANÇA CRISTO

sentam os princípios masculino e feminino da sabedoria (o espírito, que é o fogo) e do amor (a água).

Isso quer dizer que, no plano espiritual, o ser humano deve manifestar-se ao mesmo tempo como homem e como mulher, como pai e mãe, pois não existe nele nenhuma oposição entre os dois princípios, masculino e feminino: eles se unem para trazer a criança ao mundo. Só nos planos físico e psíquico é que os homens e as mulheres se opõem e se combatem. No plano espiritual, os princípios masculino e feminino, a sabedoria e o amor, vivem harmoniosamente em cada ser e agem para dar nascimento à Criança divina, Cristo. Mas, naturalmente, é mais fácil comemorar o nascimento de Jesus com todo tipo de festejos frívolos do que meditar sobre as palavras com as quais ele nos explica como nós também devemos nascer.

"Aquele que não nascer da água e do espírito, não pode entrar no Reino de Deus." Ao instituir o batismo, a Igreja criou um rito que de certa forma é a concretização dessas palavras. A criança que recebe o batismo entra para a comunidade dos cristãos.[3] No melhor sentido da palavra, essa comunidade dos cristãos deve lhe dar uma amostra do Reino de Deus. Primeiramente, seus pais permitiram que nascesse no plano físico, e depois a Igreja o faz nascer no plano espiritual; por isso lhe são dados um padrinho e uma madrinha, que devem representar, para sua

124 O QUE É UM FILHO DE DEUS?

vida espiritual, os princípios masculino e feminino, representados por seu pai e sua mãe na vida física. O que não significa que seu pai e sua mãe não tenham um papel a desempenhar em sua vida espiritual, pelo contrário!

Talvez vocês me digam que hoje em dia os padrinhos e as madrinhas já não levam a sério sua vocação espiritual: limitam-se a dar presentes à criança — e, ainda assim, quando se lembram! Eu sei, mas quero apenas mostrar-lhes que para aquele que deseja compreender o que significa nascer para a vida divina existem, na tradição cristã, todos os elementos necessários para interpretar as palavras de Jesus: "Aquele que não nascer da água e do Espírito..."

Não entrarei nos detalhes dos diferentes ritos de batismo, através dos quais a criança é consagrada alguns dias após o nascimento: ela é mergulhada na água ou, então, o padre limita-se a aspergi-la com algumas gotas, mas o símbolo da água está sempre presente. Além da água, o segundo elemento utilizado é o óleo: o padre mergulha nele o polegar e faz pequenos sinais da cruz na testa, na boca e nas orelhas da criança. O óleo é um elemento que alimenta a chama, estando portanto ligado ao fogo, ao fogo do espírito. Ao anunciar a chegada de Jesus, João Batista diz: "Eu, na verdade, vos batizo com água... mas aquele que vem após mim [...] vos batizará com o Espírito Santo, e em fogo." E quando Jesus vai receber o batismo de

O NASCIMENTO DA CRIANÇA CRISTO

João Batista nas águas do Jordão, diz-se que o Espírito Santo desceu sobre ele na forma de uma pomba.

No batismo, o sacramento pelo qual a criança entra para a comunidade dos cristãos, reencontramos a água e o fogo mencionados por Jesus ao responder a Nicodemo. E é aí que precisamos saber ler o livro da natureza e interpretar os símbolos. O objetivo do batismo é despertar nos seres a consciência de que são habitados por esses dois princípios cósmicos, a água e o fogo, que agem em todos os níveis da criação, ou seja, nos planos divino, espiritual, psíquico e físico.

Volto então ao tema, insistindo: o ser humano só pode entrar para o Reino de Deus, isto é, sentir-se verdadeiramente filho ou filha de Deus, se nascer dos dois princípios da sabedoria e do amor que são, no plano espiritual, a manifestação de seus Pais cósmicos: o Pai celeste e a Mãe divina.[4] O verdadeiro filho, a verdadeira filha de Deus é não só filho ou filha do Pai celeste, como também da Mãe divina, sua Esposa. Sei que ao dizer isto chocarei muitos cristãos, mas ainda assim devo dizê-lo. Aquele que os cristãos chamam de Deus é na realidade uma Entidade ao mesmo tempo masculina e feminina: o Espírito cósmico e a Natureza, ou, dito de forma um pouco diferente: o Espírito símbolo do fogo e a Matéria simbolizada pela água.

Se Deus criou o homem e a mulher, foi porque o feminino, como o masculino, estavam contidos Nele.

126 O que é um filho de Deus?

Simbolicamente, a mulher representa a natureza e faz parte de Deus; o princípio feminino faz parte de Deus. Deus não a criou para que fosse desprezada, condenada ou rejeitada. Todos esses Pais da Igreja que condenaram a mulher... (ao mesmo tempo buscando-a secretamente, pois é absolutamente impossível viver rejeitando o outro princípio!) fizeram muito mal a si mesmos e também fizeram muito mal aos outros, pois os impediram de encontrar a plenitude. Enquanto não entendermos que o princípio feminino é igual, em dignidade, ao princípio masculino, estaremos transitando por vias sem saída, das quais sairemos empobrecidos, desequilibrados, e nesse caso é inútil falar de nascimento espiritual. Vejam como está tudo arquitetado: a vida espiritual, como a vida física, repousa sobre os princípios masculino e feminino.

Está escrito no livro dos Provérbios: "Filho meu, ouve a instrução de teu pai, e não deixes o ensino de tua mãe... porque eles aumentarão os teus dias e te acrescentarão a vida e paz." Mais uma vez, essas palavras podem ser tomadas num sentido simbólico: não apenas o pai e a mãe físicos, mas o pai e a mãe espirituais. Para prolongar a vida é preciso ter um profundo respeito pelo Pai celeste e pela Mãe divina, a Mãe Natureza, tendo consciência de que não existe contradição nem oposição entre eles. Aquele que não aceita a Natureza como mãe tampouco pode

O NASCIMENTO DA CRIANÇA CRISTO

ter vínculos autênticos com seu Pai celeste, o Espírito cósmico, e não pode nascer no mundo espiritual.

Cabe a nós compreender, pois a vida não cederá. Sim, a vida criada por Deus sabe se defender. Ela nos diz: "Deixem de se insurgir contra mim. Vocês querem me sufocar, me mutilar, sempre criando diversões, rupturas, mas a cada vez eu levarei a melhor, serei sempre mais forte que vocês." Está na hora de os cristãos entenderem que o verdadeiro cristianismo é o ensinamento da vida, de toda a vida, sem separar nem cortar nada. Nós temos dois pais no Céu, o Pai celeste e a Mãe divina, sua Esposa. Ao tentar negar essa verdade, o aspecto feminino, materno da Divindade, sustentando que temos apenas um Pai celeste, ou seja, que só existe um único princípio criador, o que a Igreja fez foi apenas desencaminhar os seres humanos.

Alguns dirão: "Mas nunca nos falaram da Mãe divina, Esposa de Deus. Aquela que a Igreja nos ensina a considerar como nossa mãe no Céu é Maria, mãe de Jesus, ou seja, mãe de Cristo, mãe de Deus." Eu sei. Querendo que Jesus fosse Deus, transformavam Maria na mãe de Deus. Mas não é a verdade, pois Jesus não é Cristo. Ele tornou-se um representante de Cristo, uma manifestação, e Maria é uma mulher na qual manifestou-se a Mãe divina, para torná-la digna de ser a mãe de Jesus. Se os cristãos precisam transformar Maria em uma espécie de divindade, e se lhes

128 O QUE É UM FILHO DE DEUS?

faz bem acreditar nisso, por que impedi-los? Mas não é a verdade, e não voltarei ao assunto.

Agora, se entenderam o que é o verdadeiro batismo, vocês decidirão trabalhar. Não basta ter sido batizado e conhecer o significado do batismo. É ao longo da vida inteira que cada homem e cada mulher devem vivificar essa semente divina introduzida pelo padre e por seus pais no momento de seu nascimento.

E por que se comemora o Natal no início do inverno? Mais uma vez, a resposta está no Livro da natureza. Toda vida começa por uma semente, um grão enterrado no fundo da terra ou nas entranhas de uma mulher. E o inverno é a estação em que se opera, nos grãos plantados no solo, um longo trabalho de germinação, que na primavera culmina em uma profusão de eclosões de novas existências. Um trabalho idêntico se dá no psiquismo de cada ser humano: nessa terra escura que é sua natureza inferior a semente do Eu divino, Cristo, deve começar a germinar. Eis o acontecimento que os cristãos comemoram na noite de Natal... Sim, justamente, à noite, à meia-noite, no momento de maior escuridão.

E é essa ideia que também vemos representada pelas Virgens negras ainda hoje veneradas em certas igrejas. Quase sempre elas estão em uma cripta, ou seja, um lugar oculto e escuro, e, certamente, não é por acaso. A Virgem negra que traz sobre os joelhos a Criança divina é a representação desse processo alquímico pelo qual todas as tendências ocultas do nosso subconsciente são submetidas aos princípios espirituais do fogo e da água: o fogo que ilumina nosso intelecto e lhe traz a sabedoria e a água que purifica nosso coração e lhe traz o amor. É então que o Menino-Cristo, nossa consciência divina, pode nascer em nós. Nossa missão de filhos de Deus é fazer nascer em nós uma criança da mesma quintessência que seu Pai e sua Mãe celestes. E essa Criança será rei. Transformará tudo em ouro e, como Jesus, curará os cegos e os leprosos. Pois o que é a lepra? Uma doença que corrói a carne. E o pecado é o equivalente psíquico da lepra: ele corrói a carne da alma.

Aquele que fez Cristo nascer em si recebe, como Jesus, o poder de curar os seres graças à sua luz e ao seu amor. Vocês perguntarão: "Mas ele os cura realmente?" Ele começa por curá-los no plano psíquico, antes de poder curá-los, um dia, no plano físico. Mas, enquanto não der nascimento a essa Criança, nada pode realizar de grandioso.

De que adianta ter sido batizado uma vez, ao nascer, se vocês sequer tinham consciência do que estava acontecendo? Receber o batismo é muito bom, mas não basta ser levado à fonte batismal para se tornar católico, protestante ou ortodoxo. O essencial é continuar alimentando durante toda a vida os dois prin-

130 O QUE É UM FILHO DE DEUS?

cípios, da sabedoria e do amor, os quais farão com que Cristo nasça em vocês. Pois, repito, não adianta festejar o nascimento de Cristo todo ano, no dia 25 de dezembro, se vocês não trabalharem também pelo nascimento desse princípio cósmico interiormente. E uma vez desencadeado esse processo do nascimento espiritual, uma vez que vocês estejam engajados no caminho divino, não devem mais parar.

Alguns dirão: "Mas eu não sou cristão. Nem sei o que é Cristo, não me diz nada... Não estou interessado em Cristo." Tudo bem, podem dar-lhe um outro nome, se quiserem, mas será sempre esse princípio de sabedoria e amor que estabelece o vínculo entre vocês e o divino, qualquer que seja a religião a que pertençam, ou mesmo que não pertençam a nenhuma religião. Deus não criou o homem cristão, judeu, muçulmano, budista etc., Deus criou o homem à sua imagem, e para reencontrar essa imagem em si mesmo cada um é livre para escolher o caminho a seguir.

Comemorar o nascimento de Jesus é se preparar para receber Cristo em nós. Jesus não pode nascer em nós; ele nasceu há dois mil anos de uma mulher, Maria. Mas Cristo, que é um princípio cósmico, pode nascer em nós, tal como nasceu há dois mil anos em Jesus. Claro que o nascimento de Jesus foi um acontecimento histórico de importância capital — embora haja quem tenha negado sua existência —, mas não era necessário insistir tanto nesse evento, com a convicção de que mudaria o curso da história: o nascimento de um homem em dado momento não muda muita coisa.

As verdadeiras transformações só podem ser produzidas por seres que fizeram do nascimento de Jesus um acontecimento interior, um acontecimento espiritual, o nascimento de Cristo neles. A história não é mudada de fora. Todos aqueles que quiseram impor mudanças externas conseguiram apenas desencadear perseguições, guerras, massacres adicionais, e só. Poderemos dizer que o nascimento de Jesus realmente mudou o curso da história quando os cristãos forem capazes de fazer nascer Cristo em sua alma.

Notas

1. Cf. *"Cherchez le Royaume de Dieu et sa Justice"* [Procurai o Reino de Deus e sua Justiça], Parte I, p. 24-26, Parte III, p. 196.
2. Cf. *"Vous êtes des dieux"* [Vocês são deuses], Parte IX, cap. 2: "La deuxième naissance" [O segundo nascimento].
3. Cf. *"Cherchez le Royaume de Dieu et sa Justice"* [Procurai o Reino de Deus e sua Justiça], Parte VI, cap. 2, II: "Le baptême: les pouvoirs de l'eau" [O batismo: os poderes da água].
4. Cf. *"Vous êtes des dieux"*, [Vocês são deuses] Parte III, p. 156-158.

X

JESUS MORTO E RESSUSCITADO?

A VIDA DE JESUS, como a de todos os grandes Mestres espirituais, pode ser considerada um símbolo universal. Com certeza, foi o que entenderam os Pais da Igreja quando decidiram comemorar sua ressurreição na primavera. Naturalmente, também podemos considerar que foi uma maneira de lutar contra aquilo que chamavam de paganismo, ou seja, todas as religiões politeístas que veneravam as forças da natureza e na primavera cultuavam as divindades da vegetação. Desse modo, uma festa cristã substituía e assimilava festas pagãs. E é por motivos equivalentes que o Natal, o nascimento de Jesus, é festejado no início do inverno.

O cristianismo foi edificado, em grande parte, sobre os vestígios de um paganismo que ele tentou aniquilar. Quantas igrejas cristãs não foram erguidas sobre as ruínas de templos e locais de culto pagãos! Mas cristianismo, paganismo... a verdade está além desses nomes atribuídos a crenças e filosofias parciais

134   O QUE É UM FILHO DE DEUS?

e tendenciosas.[1] Por que temer ver a vida tal como foi criada por Deus? Não podemos lutar contra a vida, é necessário compreendê-la, situando cada elemento, cada existência no lugar por Ele atribuído. Todas as coisas e todos os seres estão unidos em Deus.

Uma vez ou outra assisto na televisão a transmissão da missa e das cerimônias de Páscoa em Roma. Fico muito feliz ao ver o papa saudar a ressurreição de Cristo em todas as línguas para os cristãos do mundo inteiro. Mas que será que esses pobres cristãos entendem realmente da ressurreição?

Também me lembro das festas da Páscoa na Bulgária, na minha infância. Tínhamos de acompanhar ritos tão demorados! Havia cantos, sim, mas o principal era que o papa lia interminavelmente textos extraídos do Antigo e do Novo Testamentos, além de orações, e era maçante, pois ele os lia com uma voz tão monótona! Será que ele mesmo prestava atenção no que lia?...

E lá estava eu, com as crianças da minha idade. Esperávamos impacientes que tudo aquilo acabasse, pois a única coisa que nos interessava, a nós, crianças, eram os ovos que tínhamos nos bolsos. Eram ovos cozidos que havíamos recebido de nossas mães e pintado de todas as cores, e precisávamos tomar cuidado para não quebrar a casca. Porque, ao deixar a igreja, íamos brincar de algo que gostávamos muito. Era um costume: cada um de nós, com um ovo na mão, ia bater com ele contra o de outra criança. E aí, que batalha!... Com que prazer os tirávamos dos bolsos para batê-los uns contra os outros! E o vencedor, naturalmente, era aquele que conseguia manter intactos os ovos por mais tempo. Nós éramos crianças, e na Páscoa as crianças se divertem com ovos coloridos. Mas se fosse explicado às crianças o que representam esses ovos, elas poderiam pelo menos começar a se familiarizar com o livro da natureza, e a festa da ressurreição poderia tornar-se para elas algo mais que uma sucessão de cerimônias durante as quais elas se entediam.

Nem todos os cristãos têm os mesmos costumes e tradições, mas para todos eles o ovo é um símbolo da Páscoa. E como é o ponto de partida da vida, o ovo é um símbolo universal. No reino animal, e mesmo no reino humano, é o equivalente da semente no reino vegetal, pois contém um germe que, uma vez fecundado, torna-se um ser vivo. Assim como as plantas se perpetuam pelas sementes, os animais e os homens se perpetuam pelos ovos.

Já lhes falei várias vezes e longamente sobre a ressurreição, e, sobretudo, da maneira como devemos interpretar a palavra "ressurreição". Alegando basear-se nos relatos dos Evangelhos e dos Atos dos apóstolos, a Igreja ensina que Jesus morreu na cruz e ressuscitou para subir ao Céu. Mais uma vez, lamento chocar os cristãos, mas isso não é a realidade.

136 O QUE É UM FILHO DE DEUS?

Quando se diz que alguém está morto, é possível que a vida não o tenha deixado completamente. A prova é que a pessoa ainda preserva por algum tempo uma quantidade suficiente de células vivas para que seus órgãos possam ser transplantados para outra pessoa. E durante séculos, quando os conhecimentos médicos ainda eram muito limitados, o coma chegou a ser confundido com a morte. Por isso é que, quando um ser saía do coma ao fim de algum tempo, era fácil pensar que havia ressuscitado. Você dirá: "Mas Jesus realmente ressuscitou Lázaro, a filha de Jairo e outras pessoas..." Na verdade, se ele as trouxe de volta à vida, é que não estavam completamente mortas. "Então, não eram realmente milagres?" Sim, porque para trazer esses homens e essas mulheres de volta à vida era necessário que Jesus fosse não só muito puro como dotado de poderes absolutamente excepcionais.

Quando vêm anunciar a Jairo, o chefe da sinagoga, que sua filha morreu, Jesus diz: "Por que esse alvoroço e esse pranto? A criança não morreu; está dormindo." E a propósito de Lázaro, diz também: "Nosso amigo Lázaro dorme, mas vou despertá-lo." Era uma maneira de dizer que não estavam realmente mortos. Mas para tirá-los desse "sono" era necessário o poder de Jesus. Como o cordão prateado, essa corda fluídica que liga a alma, princípio vital, ao corpo físico, ainda não estava cortada, ele pôde chamar

JESUS MORTO E RESSUSCITADO?

137

de volta a alma e fazê-la entrar novamente no corpo. Mas quando o cordão prateado se rompe, o homem morre, e nenhum rito mágico, nenhuma conjuração pode trazê-lo de volta à vida. Sua alma não volta, mas nasce em outro lugar, em outro mundo.

É preciso que fique bem claro para vocês. Quando um homem está morto, realmente morto, ele não ressuscita, não volta ao mundo dos vivos. Portanto, se Jesus, depois de ser retirado da cruz e sepultado, saiu do túmulo, é que não estava morto. "Mas como?", perguntarão vocês. "Depois de tal suplício ele não estava morto?" Se ele saiu do túmulo e em seguida encontrou Maria Madalena e alguns de seus discípulos, é porque não estava morto. E isso é que é extraordinário.

Não só nessa encarnação como em suas encarnações anteriores Jesus efetuara um enorme trabalho sobre si mesmo, e todas as células do seu corpo estavam de tal maneira vivificadas, purificadas, iluminadas, que resistiram aos sofrimentos da paixão e da crucificação. O cordão prateado não se rompeu, e por isso foi possível tratar seus ferimentos e trazê-lo de volta à vida.

Afirma-se que foi no terceiro dia que Jesus ressuscitou. Que terá feito durante esses três dias? Sua alma viajou por outros mundos, chegou, inclusive, a descer ao Inferno. Como já lhes expliquei em outras conferências, essa viagem ritual é encontrada na maioria das grandes Iniciações do passado. Quando

138   O QUE É UM FILHO DE DEUS?

julgavam que o discípulo estava pronto, os Iniciados o submetiam a uma experiência muito arriscada: conduziam-no às fronteiras da morte para liberar sua alma do corpo físico, e desse modo ele começava uma viagem durante a qual descobria os mistérios do Céu e do Inferno. Os Iniciados formavam um círculo ao seu redor e pela força do pensamento protegiam seu corpo da intrusão de entidades que tentassem instalar-se nele, como numa habitação vazia. Passados três dias, faziam-no voltar. Foi essa a experiência vivida por Jesus.

No Evangelho de São João podemos ler: "Os judeus interpelaram-no, então, dizendo: 'Que sinal nos mostras para agires assim?'" (Ele acabara de expulsar os vendedores do templo.) "Respondeu-lhes Jesus: 'Destruí este santuário e em três dias eu o levantarei.' Disseram-lhe, então, os judeus: 'Quarenta e seis anos foram precisos para se construir este santuário, e tu o levantarás em três dias?' Ele, porém, falava do santuário de seu corpo. Assim, quando ele ressuscitou dos mortos, seus discípulos lembraram-se de que dissera isso." Sim, Jesus falava do templo de seu corpo, pois sabia do estado de pureza em que lograra conservá-lo, pela força de seu espírito.

Os Evangelhos nada dizem da vida de Jesus entre os 12 e os 30 anos. Existe aí um imenso vazio que algumas pessoas tentaram preencher com todo tipo de suposições. Para uns, ele teria permanecido na Palestina, para outros, teria viajado para a Índia ou para o Egito.

Existem textos dando testemunho da passagem de Jesus pela Índia. Na minha primeira viagem a esse país li um desses textos num mosteiro de Ladakh e encontrei uma cópia desse mesmo texto num mosteiro de Calcutá. Para lê-lo, eu devia visitar diariamente o mosteiro, pois os monges não permitiam que o texto saísse do local. Pude lê-lo numa tradução inglesa. Nele, relata-se que um homem muito jovem, chamado Isa, chegou à Índia com uma caravana proveniente da Palestina. Durante vários anos dedicou-se a estudar, e para isso teve de frequentar os brâmanes, aos quais acabou por se opor, criticando-os por seu espírito de casta, sua rigidez, sua falta de amor. E os brâmanes, furiosos, começaram a persegui-lo. Passados alguns anos, ele retornou à Palestina, e a partir daí o relato reproduz o que conhecemos através dos Evangelhos, até a crucificação. Mas não se detém aí. Conta que Jesus, tendo sobrevivido ao suplício da cruz, retornou à Índia, acompanhado da mãe e do apóstolo Tomás, tendo vivido na Caxemira e morrendo em idade muito avançada.

Um dia surgirão pesquisadores capazes de explicar como as coisas realmente ocorreram e como foi a vida de Jesus. Deixo para eles esse terreno histórico, que não é a minha vocação; existem temas que

140   O que é um filho de Deus?

me interessam muito mais. Que os especialistas se dediquem à pesquisa de manuscritos e vestígios arqueológicos! Meu enfoque é a esfera dos princípios, e digo o que sei com base na verdadeira Ciência Iniciática. Cabe a outros confirmar através de testemunhos históricos.

Quem soube o que realmente aconteceu com Jesus quando foi tirado da cruz e levado ao túmulo? É impossível dizer... Mas, como se pensava que ele havia morrido, para os cristãos que não podiam admitir que o Filho de Deus morresse na cruz era necessário que esse Filho ressuscitasse. Infelizmente, isso não passa de imaginação.

Vocês dirão: "Então, se nada do que a Igreja ensina há séculos sobre a morte e a ressurreição de Jesus é verdadeiro, os cristãos não têm nada para comemorar na Páscoa!" Mais uma vez, tente compreender que a realidade histórica é uma coisa e a realidade espiritual, outra. É verdade que Jesus foi crucificado, mas o fato de ele ter morrido ou não na cruz e de ter ou não ressuscitado nada altera daquilo que para nós deve ser o essencial: à imagem da natureza, temos a capacidade de morrer para ressuscitar.

Vejam só: na natureza, a matéria está constantemente morrendo e renascendo. Trata-se de um fenômeno universal, cósmico, que se repete em todo homem consciente dessa correspondência entre a vida da natureza e sua vida interior. Existe sempre uma realidade interior que é mais elevada em comparação com a realidade física. Não devemos deixar de aprofundar a relação entre a morte e a ressurreição de Jesus com a morte e com a ressurreição na natureza. É assim que aprenderemos de que maneira também nós podemos morrer e ressuscitar. Os seres humanos ainda têm tantas coisas a aprender sobre a vida e a morte!

Depois de ser retirado da cruz o corpo de Jesus, José de Arimateia e Nicodemo o levaram ao túmulo. Mas está dito nos Evangelhos que três dias depois Maria Madalena, Maria, mãe de Tiago, e Salomé viram que a pedra que fechava o túmulo fora retirada, e que Jesus já não estava ali. Mais uma vez, não é a realidade material desse fato que é o mais importante. O essencial é o seu significado para nossa vida interior, e podemos descobrir esse significado se voltarmos à imagem da semente.

A semente enterrada divide-se em duas, e morre depois de ter deixado brotar do seu interior o germe da vida. O túmulo é a nossa natureza inferior, na qual devemos fazer uma abertura, para poder sair. Alguns viram no túmulo uma representação do corpo físico, o que não é totalmente errôneo. Na realidade, o que impede a manifestação da vida, a manifestação do espírito, não é tanto o corpo físico, mas essa carapaça fluídica feita de desejos, cobiças e conflitos de nossa natureza inferior. É ela que se interpõe entre

142   O que é um filho de Deus?

nosso espírito e o corpo físico. Se ela não estivesse constantemente engendrando todo tipo de miasmas e vapores, nosso espírito exerceria perfeito controle sobre o corpo físico.

Jesus frequentemente usou a imagem da semente para explicar as verdades essenciais da vida espiritual.[2] Ele dizia: "Se o grão de trigo caindo na terra não morrer, fica só; mas se ele morrer, dá muitos frutos." O grão é o símbolo da vida. E é a partir dessa morte do grão que podem ser liberadas as forças da vida.

A ressurreição nada mais é que uma corrente de vida que atravessa regiões nas quais, física ou psiquicamente, a doença e a morte haviam começado a fazer seu trabalho. São tantos os fenômenos da natureza que podem nos dar uma ideia desse processo! Não só o germe que sai da semente, mas também o pintinho que sai do ovo, certos mamíferos que despertam de seu sono hibernal e a crisálida que se transforma em borboleta são imagens da ressurreição. E as árvores?... Também elas ressuscitam na primavera: todos aqueles galhos escuros e desnudos que se cobrem de folhas e flores! Aí temos mais uma ressurreição. E por que elas ressuscitam? Por que não estão mortas, porque a vida continua presente.

Todos esses fenômenos da natureza têm sua correspondência no homem. Fisicamente, psiquicamente, a cada dia o homem "morre" e ressuscita. Quando nele a vida fraqueja, ele morre; quando ela vem visitá-lo de novo, ele ressuscita. É como se um novo sangue circulasse em suas veias. Somente a vida, a vida divina, é que nos ressuscita, e precisamos trabalhar para conquistar essa vida.

Ao dizer que ama a natureza, a maioria das pessoas limita-se a vê-la, na melhor das hipóteses, como o ambiente em que elas se encontram, ou como um tema poético. Não percebem a que ponto ela se refere à sua vida íntima, pois é sua própria vida que a natureza lhes revela. A natureza é infinitamente mais que um ambiente ou um belo cenário. Por isso nossos contemporâneos têm razão de sentir medo ao ver as destruições cometidas contra a natureza. Eles não só destroem algo de que fazem parte, mas que faz parte deles mesmos. A compreensão do nosso ser profundo depende da compreensão que temos dos fenômenos da natureza, e é nesse sentido que devemos trabalhar.

Notas

1. Cf. *"Cherchez le Royaume de Dieu et sa Justice"* [Procurai o Reino de Deus e sua Justiça], Parte VI, cap. 2, I: "En esprit et en vérité" [Em espírito e em verdade].
2. Cf. *"Vous êtes des dieux"* [Vocês são deuses], Parte III, cap. 2, p. 172-173, e cap. 3, p. 186-193.

XI

O SACRIFÍCIO DE JESUS NA CRUZ: O PODER DO SANGUE

JESUS MORTO NA CRUZ... É com essa imagem do crucifixo que os cristãos tentam converter todo o planeta. Há dois mil anos não se cansam de repetir: "Jesus morreu por nós... Jesus derramou seu sangue por nossos pecados... Ao sacrificar sua vida na cruz, Jesus nos salvou... O filho de Deus deu o seu sangue pela salvação do mundo..." Repetindo isso, eles se consideram imensamente superiores aos fiéis das outras religiões, e, sobretudo, aos descrentes. Vocês se dão conta? O próprio filho de Deus derramou seu sangue por seus fiéis, expiou por eles o pecado original.[1] Quem sabe os seus amigos, até mesmo os parentes desses fiéis não dessem um centavo por eles, mas o filho de Deus deu o seu sangue. De fato, eles têm motivo para sentir orgulho! Como é possível que, em pleno século XX, ainda sejam mantidas essas crenças?*

---

* Esta conferência foi originalmente proferida no século XX. (*N. do E.*)

146 O que é um filho de Deus?

Infelizmente, basta observar o estado da cristandade para compreender que os cristãos não estão mais propensos a serem salvos do que os fiéis das outras religiões, ou muitos descrentes. Cometem as mesmas desonestidades, os mesmos crimes, pois também possuem a mesma natureza humana egoísta, gananciosa e vingativa. O fato é que um ser humano não muda milagrosamente de natureza por ter sido batizado. "É verdade", dirão alguns, "os cristãos também são pobres pecadores. Mas se acreditam sinceramente que Jesus, filho de Deus, morreu por sua salvação, é o suficiente; pois é a fé que salva, e quando eles chegarem ao outro mundo serão reconhecidos como autênticos filhos de Deus." Pois bem, não se iludam: se eles já não se manifestaram como filhos de Deus durante sua vida na Terra, não poderão sê-lo depois da morte.

Não faz sentido ficar repetindo que Jesus nos salvou. Os cristãos recitam: "Cordeiro de Deus, que tirais os pecados do mundo"... Mas é uma tolice. Jesus pagou com a própria vida o fato de ser um precursor, pagou com a vida a audácia de querer trazer uma luz, ainda que isso incomodasse as autoridades religiosas e políticas da sua época, mas ele não veio para tomar sobre seus ombros os erros dos seres humanos. Se as pessoas cometem erros, são responsáveis por eles, e devem pagar. Imaginar que alguém exterior a elas possa salvá-las das consequências de seus atos é não ter entendido nada da vida espiritual, nem mesmo da vida psíquica. É possível proporcionar-lhes meios, métodos para se salvar, mas não é possível salvá-las. Quando vemos certos cristãos, mesmo entre aqueles que se apresentam como os mais fervorosos, é evidente que Jesus não os salvou: basta ver o estado de miséria espiritual em que se encontram!

Pelo fato de Jesus ter sido crucificado há dois mil anos será que todas as gerações vindouras de cristãos seriam automaticamente salvas?... E acaso se sabe o que é "a salvação"? Na realidade, Jesus fez mais que tomar sobre os ombros os pecados dos homens, o que de qualquer maneira é impossível; ele mostrou-lhes um caminho para que possam salvar-se, por seus próprios esforços, e nesse caminho eles poderão caminhar por toda a eternidade.

Cada grande filho de Deus que vem à Terra traz para os seres humanos novas verdades, métodos novos para salvá-los, mas cabe a eles entender essas verdades e utilizar os métodos, cabe a eles trabalhar por sua própria libertação. Você dirá: "Mas você está menosprezando o valor do sacrifício de Jesus!" De jeito nenhum. A grandeza do sacrifício de Jesus não fica diminuída se eu digo que vocês só serão salvos por seu próprio trabalho. Deus quer apenas uma coisa: o aperfeiçoamento da criatura humana. E para se aperfeiçoar é preciso fazer esforços. Podem nos revelar o

148   O QUE É UM FILHO DE DEUS?

caminho, nos dizer como caminhar, mas ninguém pode caminhar em nosso lugar, nós é que devemos avançar. E o sacrifício de Jesus é também o preço que ele teve de pagar para abrir esse caminho. Mas será que existem muitos cristãos dispostos a compreendê-lo? E será que alguém lhes explicou, pelo menos uma vez, por que Jesus precisava derramar seu próprio sangue na cruz?

Na época em que Jesus veio, o caminho que leva a Deus estava de tal maneira obstruído por presenças tenebrosas que somente os seres dotados de uma inteligência, de uma força de vontade e de uma audácia excepcionais tinham a possibilidade de avançar. A multidão, o povo, vegetava, pois estava intencionalmente mantido nos graus inferiores da consciência. A religião era para uma elite, e aqueles que a ela não pertencessem eram deixados na ignorância. Eram alimentados com superstições e histórias infantis, e embora essas práticas e esses mitos tenham na realidade um sentido profundo, este não lhes era revelado.

Era então necessário tornar o caminho mais acessível para todos os seres humanos, e foi o que Jesus fez. Só é capaz de compreendê-lo quem possui o verdadeiro saber iniciático, mas vou tentar esclarecer essa questão começando com um exemplo. Existem regiões do planeta onde jamais seria possível transitar de um ponto a outro se não tivessem sido abertas estradas, ferrovias etc. Para isso foi preciso, antes de mais nada, drenar pântanos infestados de todo tipo de animais, abrir túneis na montanha ou desbravar uma vegetação inextricável. Uma vez concluídas essas obras, o caminho finalmente podia ser utilizado por todos que quisessem percorrê-lo.

Na época em que Jesus veio, o caminho da evolução estava obstruído por entidades monstruosas, egrégoras que se alimentavam do sangue das vítimas oferecidas aos deuses. Antes de Jesus, todas as religiões praticavam sacrifícios sanguinolentos; e os espíritos do mundo astral, também chamados de larvas, os elementais, que se alimentavam das emanações geradas pelo sangue das vítimas, estavam constantemente se multiplicando e se fortalecendo, formando ao redor dos seres humanos uma atmosfera tenebrosa, malsã, funesta. E foi através dessas regiões pantanosas do plano astral que Jesus veio abrir caminho para que todos os seres humanos, mesmo os mais deserdados, os mais desprezados, pudessem interiormente ir ao encontro do Pai celeste. Entretanto, tal como acontece quando se abre uma estrada no plano físico, era necessário, antes de mais nada, desbastar, limpar, purificar; e não era tão fácil assim livrar-se dessas entidades que obstruíam o caminho. Por isso, em vez do sangue das vítimas, em que elas encontravam seu alimento, Jesus teve de dar o seu. Sim, eis um grande mistério: o poder do sangue. Quando falamos do sangue que Jesus verteu por nós, devemos suben-

150 O que é um filho de Deus?

tender esse fluido tão puro que é uma condensação da vida divina.

Diz-se nos Evangelhos que no Jardim de Getsêmani Jesus começou a sentir a angústia da morte de tal maneira que "o suor se lhe tornou semelhante a espessas gotas de sangue que caíam por terra". Naturalmente, o sangue pode ser tomado no sentido próprio e no figurado, pois antes de ser esse líquido vermelho que circula no corpo o sangue é uma quintessência sutil portadora de vida, na qual se expressam todas as qualidades e as virtudes do homem. E se pela aparência o sangue de Jesus não diferia do sangue de qualquer outro ser humano, na realidade, cada gota desse sangue era como uma gota de luz.

Jesus se havia purificado e identificado com seu Pai celeste de tal maneira que seu sangue tornara-se uma condensação da vida divina, da própria essência de Deus. Ao cair no solo, as substâncias celestes de que estava impregnado esse sangue modificaram algo na própria matéria da terra, fazendo surgir forças e virtudes que ela ainda não possuía. E quando as entidades do mundo astral se precipitaram para alimentar-se dele, esse sangue produziu nelas o mesmo efeito de um licor excessivamente forte, que elas não puderam suportar: ficaram embriagadas; se debilitaram, ficaram como anestesiadas, com isso liberando a passagem. Depois dele, o caminho ficou livre para todos os seres humanos.

O SACRIFÍCIO DE JESUS NA CRUZ: O PODER DO SANGUE **151**

Foi esse o sacrifício de Jesus. Não basta então dizer que, como ele derramou seu sangue, fomos salvos; seria fácil demais! Ao derramar seu sangue Jesus apenas abriu um caminho para que possamos nos salvar, através dos nossos esforços, e cabe a nós, portanto, seguir por esse caminho, estudando e aplicando seu ensinamento.

O sacrifício de Jesus foi o ponto de partida de uma nova concepção de Deus e do homem. Jesus pagou para que um caminho fosse aberto. Pois sempre é preciso pagar. Mesmo no caso de uma estrada, é preciso pagar, e não só com dinheiro. Há séculos, quantas pessoas no mundo não pagam com a própria vida a construção de estradas, túneis, pontes, ferrovias! Com mais forte razão ainda era necessário pagar para abrir no mundo psíquico um caminho até Deus. E foi por ter traçado esse caminho que Jesus pôde identificar-se a Cristo e dizer: "Eu sou o caminho", ou, ainda: "Ninguém vai ao Pai senão por mim." Pergunte a Jesus, se puder, e ele lhe responderá: "Meu sacrifício não é o que julgas. De que serve pagar uma vez na história pelos erros dos homens? Eles voltarão a pecar."

Quando se paga pelos erros de alguém, sem esclarecê-lo, ele sequer entende o que foi feito por ele, e volta a cometer os mesmos erros. Alguém se meteu em maus lençóis... É tirado daquela situação, muito bem, mas existem grandes chances de que ele volte a

152 O que é um filho de Deus?

cair na primeira oportunidade. Como não aprendeu nada, não entendeu nada, ele sequer se mostra grato, e esquece o que foi feito por ele; na vez seguinte, volta a pedir ajuda, e se não a recebe, fica furioso. Desse modo, como poderia progredir?

Já é hora de os cristãos começarem a entender corretamente esse sacrifício de Jesus pelo qual há séculos não se cansam de contar vantagem. Vocês dirão: "Mas como, 'contar vantagem', que falta de respeito!" Ah, quer dizer então que vocês acham respeitoso encher a Terra de imagens do suplício de Jesus? Acham que Jesus fica feliz de se ver representado por toda parte suspenso numa cruz? Os cristãos levaram a cruz aos quatro cantos do mundo, ameaçando povos inocentes: "Se vocês não acreditarem que Jesus os salvou ao morrer na cruz, nós vamos matá-los." Era isso o que Jesus desejava?

Ainda hoje, os padres e os pastores continuam repetindo: "Jesus foi crucificado... Jesus deu o seu sangue por nós." Mas nós já sabemos, de que adianta ficar repetindo? Essas palavras servem para entorpecer os cristãos. Claro, o propósito é mostrar-lhes a imensidão do sacrifício de Jesus, mas isso não produz grandes resultados. Por que não apresentá-lo sempre triunfante, na paz e na luz, para incitar os seres humanos a se tornarem como ele? Insistindo-se dessa maneira em seu suplício, algo se perde na consciência deles. Naturalmente, os corações mais ternos são

O SACRIFÍCIO DE JESUS NA CRUZ: O PODER DO SANGUE   153

tocados, derramam-se algumas lágrimas. Mas como sentir-se exaltado tendo permanentemente diante dos olhos a visão de um ser martirizado, ensanguentado e coroado de espinhos? Não dá a menor vontade de seguir seu exemplo.

Para estimular os seres humanos é necessário apresentar-lhes a beleza, a grandeza. Pode-se falar da crucificação, mas dando-lhe também uma interpretação mais ampla. No Cristo crucificado, um Iniciado vê a Alma do mundo oferecendo-se às quatro direções do espaço.[2] Mas é essa dimensão sublime e gloriosa que é apresentada aos cristãos?

Jesus sacrificou-se para dar a luz aos humanos, para desbravar um caminho que os conduza ao mundo divino. E tudo isso é bem mais importante que ter tomado sobre seus ombros todos os pecados da humanidade. Jesus abriu o caminho da salvação transmitindo um ensinamento, e graças a essa luz os próprios seres humanos é que haverão de se libertar de seus pecados. Por isso é que ele não só disse "Eu sou o caminho", mas também "Eu sou a luz do mundo". Jesus deu-nos essa luz para mostrar-nos a direção, e cabe a nós caminhar com nossas próprias pernas. Mas os cristãos querem que o próprio Jesus os conduza ao Céu, e continuam cometendo os mesmos erros, os mesmos crimes, limitando-se a repetir: "Jesus nos salvou." Nada disso: Jesus não é o mestre dos preguiçosos.

154   O QUE É UM FILHO DE DEUS?

Mas, entendam-me bem, eu não vim para destruir o que a Igreja ensina, mas para ajustar as coisas, para acertá-las, para mostrar aos cristãos qual é verdadeiramente esse caminho aberto por Jesus. Cabe a cada um salvar-se por sua própria vida de pureza, sabedoria e amor.

Poucas pessoas são capazes de avaliar a grandeza do sacrifício de Jesus. Derramar o próprio sangue: nada é mais precioso que o sangue, em vista de tudo que ele representa no plano físico, concreto, mas também no plano espiritual. Por isso é que surgiram muitos relatos a respeito do cálice em que, segundo os Evangelhos, José de Arimateia teria recolhido o sangue de Jesus. Toda a lenda do Graal formou-se em torno desse cálice: ela se origina na necessidade que os seres humanos tiveram de celebrar, de perpetuar na memória dos séculos os mistérios do sangue de Cristo. São coisas muito santas, muito sagradas, e todo o meu ser estremece quando falo delas.

Notas
1. Cf. "*Vous êtes des dieux*" [Vocês são deuses], Parte I, cap. 3: "Le retour à la maison du Père" [O retorno à casa do Pai].
2. Cf. "*Cherchez le Royaume de Dieu et sa Justice*" [Procurai o Reino de Deus e sua Justiça], Parte VI, cap. 4: "La croix" [A cruz].

XII

"DO SEU INTERIOR CORRERÃO RIOS DE ÁGUA VIVA"

DEUS É O único senhor da vida. Mas desde sempre os seres humanos buscaram desvendar seus segredos, seja para prolongá-la, seja para criá-la por conta própria, e um dos exemplos mais conhecidos da tradição esotérica é o dos golens.

Conta-se que em um gueto de Praga, no século XVII, certos rabinos teriam tentado criar seres vivos. Inspiravam-se no livro do Gênesis, onde se afirma que Deus formou o primeiro homem, Adão, a partir do barro, insuflando-lhe vida ao soprar em suas narinas. Eles modelavam formas humanas a partir da argila, e inscreviam em sua testa a palavra hebraica *emeth* — "verdade" —, que supostamente lhes transmitiria a vida. Essas criaturas, uma vez animadas, eram postas ao serviço desses líderes religiosos e se deslocavam para executar suas ordens. Quando por acaso uma delas escapava ao controle de seu criador, tornava-se um perigo, restando apenas destruí-la.

156   O que é um filho de Deus?

Bastava, então, apagar da sua testa a primeira letra da palavra *emeth*, pois a eliminação dessa letra resulta, em hebraico, na palavra *maveth* — "morte" —, e o golem virava pó. Trata-se, certamente, de uma lenda imaginada a partir de alguns elementos da realidade. Eu nunca vi nada parecido; sei apenas que muitas coisas são possíveis, ainda que não aconteçam exatamente como contadas.

Não está ao alcance do homem criar a vida. Ele pode apenas transmiti-la, e é por isso que esse mistério referente aos golens não me interessa tanto. O que me interessa, aquilo em que acredito, é o poder da vida divina que impregna toda a criação e que diariamente recebemos através do Sol. Nós podemos captar essa vida, absorvê-la, bebê-la, a fim de regenerar todas as nossas células.

Quando Jesus dizia: "E a vida eterna é esta: que te conheçam a ti, como o único Deus verdadeiro",[1] estava identificando a vida ao conhecimento. Mas o que significa "conhecer"? Esse conhecimento de Deus proporcionado pela vida eterna não é produto apenas de uma faculdade do cérebro. Ou, mais exatamente, a faculdade de compreender e conhecer que caracteriza o cérebro é uma síntese das inteligências de todas as células do corpo, logo, das células dos braços, das mãos, do fígado, dos pulmões, do estômago, do sexo etc. Todas essas inteligências reúnem-se no cérebro e nele estão representadas. Se as células desses órgãos

"Do seu interior correrão rios de água viva" 157

estão debilitadas, entorpecidas, o homem não pode atingir o verdadeiro conhecimento.

Cada célula de nosso corpo possui uma pequena inteligência graças à qual executa uma tarefa determinada, e o saber de todas elas, sintetizado no cérebro, expressa a inteligência do organismo inteiro. Se a inteligência das células é reduzida, o cérebro fica embotado. É, portanto, através de um trabalho com o conjunto das células de seu corpo que o homem desenvolve o seu cérebro.

Tudo está ligado. Por isso devemos pensar em purificar, vivificar, clarificar nossas células diariamente, para que seu bom funcionamento se reflita no nosso cérebro e melhore nossa compreensão das coisas. Células do fígado, do estômago, dos intestinos, que não sabem executar corretamente seu trabalho, são um entrave para o julgamento: por mais que as pessoas leiam e estudem, em todas as suas reflexões estarão projetados matizes sombrios e deformações provenientes do mau funcionamento de seus órgãos. Mesmo naqueles considerados grandes pensadores, grandes filósofos, quantos erros não têm origem nas insuficiências das células de certos órgãos que bloqueiam a atividade mental! Todas essas deficiências do fígado, do estômago, dos intestinos, do pâncreas... geram em alguma parte do cérebro um limite que o homem não consegue ultrapassar.

158   O QUE É UM FILHO DE DEUS?

Sei que ao dizer isso vou atrair críticas e mesmo zombarias. Mas nem as críticas nem as zombarias haverão de me demover dessa convicção: a inteligência do homem depende da inteligência das células de todo o seu corpo, e ele não pode conhecer Deus nem alcançar a vida eterna se não tratou, primeiro, de educar todas as suas células.

Os exercícios propostos pelo nosso ensinamento, e mesmo simplesmente os conselhos a respeito da respiração[2] e da nutrição,[3] têm por objetivo melhorar o estado de nossas células, para ampliar e aperfeiçoar nossa compreensão. As recomendações a respeito da nutrição, como o vegetarianismo, por exemplo, não se destinam a privar-nos de alimentos agradáveis. Quantas pessoas imaginam que deixar de comer carne ou abster-se de ingerir álcool lhes seja pedido unicamente por motivos de mortificação, a fim de agradar a Deus, que gosta de ver os seres humanos privar-se e sofrer. Não!

Com sua vida e seu ensinamento, Jesus quis mostrar como o espírito pode progressivamente tomar posse da matéria, e se manifestar através dela. Em cada ser humano o espírito vem a encarnar. Inclusive, essa encarnação do espírito é a única razão de ser de nossa existência na Terra, mas desde que preparemos nosso corpo físico para receber seus impulsos e reagir a eles. Isso é a ressurreição.

"Do seu interior correrão rios de água viva" 159

O corpo de um ser humano é formado por bilhões de células; cada célula é habitada por uma alma viva, e cada uma deve ressuscitar. Apenas quando isso ocorre é que se pode realmente falar de ressurreição, pois trata-se de um processo ininterrupto. Diariamente devemos acrescentar alguma coisa de novo, diariamente devemos estar conscientes, vigilantes, atentos, e pouco a pouco sentiremos produzir-se em nós os mesmos fenômenos que se dão na primavera, quando a Terra recebe do Sol mais luz, mais calor e os germes que foram semeados começam a brotar. Toda essa vegetação que vemos nascer ou renascer na primavera é uma imagem dos fenômenos que podem acontecer em nossa vida física e psíquica, caso tenhamos entendido o que é a verdadeira vida.

Então, a cada retorno da primavera esforcem-se em aproveitar as condições que lhes são oferecidas para sentir de que maneira vocês podem ampliar ainda mais essa vida nova e fresca, e continuem o resto do ano nesse caminho! No ano seguinte, recomecem, e recomecem sempre!... Sim, essa persistência em estar cada vez mais vivo, ano após ano, nos torna mais propensos a entrarmos vivificados na morte, que na realidade não passa de uma mudança de formas. E quando você voltar, em próximas encarnações, haverá de retomar esse trabalho, até a ressurreição final.

Os cristãos recusam a ideia da reencarnação porque ela é, evidentemente, incompatível com a teoria

160 O QUE É UM FILHO DE DEUS?

da ressurreição dos corpos no fim dos tempos: se o homem reencarna, ele tem vários corpos sucessivamente, e, nesse caso, em qual deles vai ressuscitar na hora do Juízo Final? Entretanto, queiram eles aceitá-la ou não, a reencarnação é uma realidade constantemente demonstrada pela natureza.

A Igreja ensina que no fim dos tempos os mortos, depois de terem vivido uma única existência, em um único corpo, sairão do túmulo para serem julgados. Mas como imaginar corpos que terão passado milhares de anos em caixões, ou simplesmente na terra, ou no fundo do mar, erguendo-se ao som de uma trombeta? De alguns nada mais resta há muito tempo — até mesmo o esqueleto virou poeira. Sendo assim, quais são esses corpos que haverão de sair dos túmulos, e em que estado?... Na realidade, a ressurreição é um longo processo espiritual que nos arranca da estagnação, da decomposição interior, até o dia em que, depois de encarnações e mais encarnações de trabalho e esforço, renasceremos em nosso "corpo glorioso". Esse corpo glorioso de que fala São Paulo deve ser entendido como uma realidade espiritual.[4] Caso contrário, como poderia o corpo físico de um homem ou de uma mulher transformar-se em luz no momento em que deixa o túmulo?

Só ressuscitaremos quando formos capazes de fazer fluir a vida divina em cada célula de nosso corpo. A ressurreição é, portanto, um processo extrema-

"DO SEU INTERIOR CORRERÃO RIOS DE ÁGUA VIVA"

mente longo e lento, e por isso foi situada simbolicamente no fim dos tempos. Mas é já, agora mesmo, que devemos iniciar esse trabalho de ressurreição. De nada serve aos cristãos ficar repetindo: "Jesus ressuscitou... Jesus ressuscitou..." se, enquanto isso, esquecem que também devem ressuscitar, sem esperar o fim do mundo para isso! A ressurreição começa no dia em que nos tornamos mais sábios, mais esclarecidos, em que nosso coração se abre para todas as criaturas. Sim, existem critérios que não podem enganar. A ressurreição é um estado de consciência: é a vida divina que começa a irrigar nosso ser interior, expulsando tudo que não vibra em uníssono com ela.

A ressurreição se manifesta pela formação de um outro corpo no homem, um corpo que é o duplo luminoso do corpo físico. Quando Jesus apareceu transfigurado diante dos discípulos no monte Tabor, os Evangelhos dizem que "seu rosto resplandeceu como o sol e as suas vestes tornaram-se alvas como a luz". Como explicar esse fenômeno? É que Jesus lograra formar em si esse corpo luminoso que então irrompeu e o envolveu em seu brilho. De fato, a verdadeira ressurreição de Jesus ocorreu muito antes de sua morte, e não depois. Para poder manifestar-se resplandecente, é porque ele já havia ressuscitado, no sentido espiritual. E foi por já ter ressuscitado que ele não morreu na cruz. Ele havia de tal maneira purificado e vivificado todas as células do seu corpo físico

162 O QUE É UM FILHO DE DEUS?

que elas resistiram aos tormentos que sofreu e ao suplício da crucificação. Eis a verdade: Jesus não ressuscitou três dias depois de sua morte; Jesus já havia ressuscitado.

Quando o processo de ressurreição é concluído, todos os órgãos e os membros são regenerados, e o homem se liberta do seu corpo físico como a crisálida se liberta do casulo para tornar-se borboleta. Ele possui agora um novo corpo, o corpo de glória, graças ao qual pode viajar pelo espaço, visitar outros lugares, outras criaturas, falar-lhes, ajudá-las. O corpo de glória, formado à imagem do corpo físico, confere-lhe possibilidades muito mais amplas, e graças a ele o indivíduo pode agir no mundo invisível.

A ressurreição é, antes de tudo, um processo espiritual de purificação, de iluminação, que, sendo levado a um certo grau de intensidade, acaba por incidir sobre o mais mínimo átomo do corpo físico. Ressuscitar é abrir caminho à vida divina em todas as regiões do nosso ser; pois a característica essencial da vida é o dinamismo que a impede de permanecer no mesmo lugar, introduzir-se por toda parte, para tudo renovar.

O que é o elixir da vida imortal de que falam os alquimistas? Um líquido que libera os canais do organismo para que as energias vitais possam circular sem entraves. O homem no qual todos os fluidos encontram passagem está vivo e com boa saúde. É a

"Do seu interior correrão rios de água viva" 163

obstrução desses canais e vasos por onde circulam os líquidos e fluidos no organismo que acarreta a decrepitude, a doença e a morte. Lógica semelhante ocorre na astrologia: se o planeta Saturno, por exemplo, está ligado, devido alguns de seus aspectos, à decrepitude e à morte, é justamente porque sua influência tem a propriedade de coagular, cristalizar a matéria, opondo-se à circulação das energias.

Como já lhes disse, todas as práticas recomendadas pelo nosso Ensinamento (comer alimentos puros e leves, beber com frequência água morna depois de fervida, fazer exercícios de respiração e ginástica, cultivar apenas pensamentos e sentimentos puros, ou seja, desinteressados, generosos...) têm por único objetivo tornar-nos mais vivos, liberando todas as vias de circulação em nosso corpo. Nesse sentido, devemos, acima de tudo, aprender a nos relacionar com aquele que projeta no espaço as poderosas correntes de vida que animam toda a natureza: o Sol. Não basta contemplar distraidamente o Sol de vez em quando. Há todo um trabalho a ser realizado pelo pensamento, com uso sistemático da imaginação: banhar-se em suas correntes, adquirir forças, encher com elas todo o nosso ser para utilizá-las para a glória de Deus.[5]

Sob o pretexto de que é necessário dar primazia à alma e ao espírito, a Igreja ensinou aos cristãos negligenciar o corpo físico, desprezá-lo e até maltratá-lo, considerando que ele não tem nenhum papel a

164 O que é um filho de Deus?

desempenhar na vida espiritual, representando um obstáculo. Isso, contudo, trata-se de um erro grave, pois não é saudável separar o corpo físico da alma e do espírito. É através de uma boa disciplina e de exercícios destinados a despertar certos centros do corpo físico que o homem pode agir sobre sua alma e seu espírito. Esses centros são, entre outros, a aura, o plexo solar, o centro Hara, os chacras...[6]

Nossa evolução deve efetuar-se nos três mundos: físico, psíquico e espiritual. É o sentido das palavras de Hermes Trismegisto (ou seja, "três vezes grande") no fim da *Tábua de Esmeralda*: "Por isso é que recebi o nome de Trismegisto, tendo as três partes da filosofia universal."

O homem sempre será tentado a afastar a velhice e a morte. A repulsa é compreensível e, em certa medida, benéfica, pois ele tem um trabalho a realizar na Terra, e uma longa vida aumenta suas possibilidades. Mas a vida pertence a Deus, e somente a Deus; faça o que fizer o homem, jamais conseguirá vencer a morte. Mais cedo ou mais tarde coloca-se para ele a questão da vida espiritual, pois é unicamente graças à vida espiritual que ele aos poucos se conscientiza de sua imortalidade.

Na Árvore sefirótica, o elixir da vida imortal está ligado à sephira *Tiphereth*, a sephira do Sol. E isso deve ser entendido não só do ponto de vista físico,

"DO SEU INTERIOR CORRERÃO RIOS DE ÁGUA VIVA" 165

mas também, e sobretudo, do ponto de vista espiritual. Se o arcanjo do Sol chama-se *Mikhael* (que significa "que é como Deus") é porque a vida que vem do Sol representa para os habitantes da Terra a expressão mais poderosa e eloquente da vida divina. E o nosso corpo deve se tornar o receptáculo dessa vida divina.

Ao contrário dos cristãos, os hindus consideram que o corpo físico tem um papel importante a desempenhar na vida espiritual. Por isso é que associam suas três grandes divindades, Brahma, Vishnu e Shiva, aos três centros vitais do corpo físico: Brahma, o criador, ao plexo solar; Vishnu, o conservador, ao coração; e Shiva, o destruidor, ao cérebro. Assim, Brahma, o Criador, o senhor da vida, tem sua morada no plexo solar. Por meio dos órgãos genitais a vida física se perpetua, mas é através do plexo solar que o homem se relaciona com o rio da vida cósmica.

É este o sentido da palavra de Jesus: "Se alguém tem sede, venha a mim e beba. Quem crê em mim, como diz a Escritura, de suas entranhas correrão rios de água viva." Em outras versões, podemos ler: "Do seu seio correrão rios de água viva." O seio, as entranhas correspondem à região do plexo solar e do centro Hara. Aquele que bebe a água da vida divina torna-se ele próprio uma fonte de água viva; e essa água que irriga todo o seu ser também sacia a sede das criaturas ao seu redor.

O QUE É UM FILHO DE DEUS?

Mas será que muitos cristãos se interessaram em aprofundar esse versículo? A maioria dirá: "Mas que história é essa de uma água fluindo das entranhas? Como é possível a passagem de água pelas entranhas?" O desconhecimento dessa ciência que ensina que o homem é formado à imagem do universo, faz com que eles ignorem o fato dessa água viva brotar de Deus, a Fonte Cósmica, assim como deles mesmos. É mais uma vez dessa água que fala Jesus quando diz à Samaritana: "Aquele que beber da água que eu lhe der, nunca terá sede; pelo contrário, a água que eu lhe der se fará nele uma fonte que jorrará pela vida eterna." Se os cristãos ainda não sabem que sentido conferir a essas palavras, elas são absolutamente claras para os cabalistas que meditam sobre Adão Kadmon, o Homem cósmico,[7] e alcançaram grande conhecimento sobre as relações que ligam o homem a Deus e ao universo;

A vida que vem de Deus é Cristo, o Filho que é uma emanação do Pai. Foi por se identificar com Cristo que Jesus disse: "Eu sou o caminho, a verdade e a vida." Para interpretar o pensamento de Jesus não devemos considerar essas três palavras isoladamente, mas saber como ajustá-las, para constituir um conjunto. Mais uma vez, a imagem do rio pode ajudar-nos. Na origem do rio está a fonte: é a verdade. Da fonte flui a água, a vida. E, à medida que passa o tempo, a água cava seu leito, o caminho.

De que adianta inscrever nas igrejas "Eu sou o caminho, a verdade e a vida" se aqueles que leem essas inscrições não sabem como situar as três palavras "caminho", "verdade" e "vida" em relação umas às outras? Tanto mais que elas pertencem a domínios completamente diferentes. O caminho evoca uma realidade concreta. A verdade é uma noção abstrata, um dos temas filosóficos sobre os quais as pessoas têm a maior dificuldade em concordar. Quanto à vida, ela é para eles uma realidade extremamente vasta e vaga, pois veem suas inúmeras manifestações, mas lhes é impossível dizer o que ela é. Só a imagem do rio permite fazer dessas três palavras, o caminho, a verdade e a vida, um conjunto coerente. Jesus queria dizer: "Eu sou o rio que desce do Céu e eu transporto a vida." A razão pela qual eu baseei minha filosofia nas palavras amor, sabedoria e verdade é porque elas estão relacionadas à frase de Jesus: "Eu sou o caminho, a verdade e a vida."

Na origem, temos a fonte (a verdade); dessa fonte flui a vida (o amor); e o caminho que essa água percorre ao descer, o leito do rio, é a sabedoria. A água vem do alto, e desce para nos vivificar. Mas para bebê-la em toda a sua pureza devemos ir buscá-la lá no alto. A água desce, mas nós só recebemos suas bênçãos se nos elevarmos, através da prece e da meditação, até a Fonte divina, seguindo os passos de Jesus, ou seja, esforçando-nos por aplicar seu ensinamento.

168   O QUE É UM FILHO DE DEUS?

Jesus é o caminho, ou sabedoria, pois é a sabedoria que nos conduz. A sabedoria não é um objetivo, é apenas um guia. Não podemos avançar se não temos a vida, a água que nos sustém; e essa vida que Jesus nos traz em abundância é o amor. Enfim, se caminhamos, é para nos elevar até a fonte, a verdade, para beber a água pura e cristalina das alturas. Nada é mais claro que essa imagem que representa o programa a ser cumprido por todos os filhos e filhas de Deus. Com o amor que é a vida, e através da sabedoria que é o caminho, chegamos à verdade que é a fonte. É essa imagem do rio descendo do Céu que encontramos no Apocalipse: "E mostrou-me depois o rio puro da água da vida, claro como cristal, que procedia do trono de Deus."

Jesus nos diz: "Eu sou o caminho que conduz à verdade, de onde emana a vida. Fui eu que tracei para vocês esse caminho, que cavei o leito do rio, e se seguirem meus passos vocês poderão me encontrar." Só nos resta buscar essa vida, impregnar-nos dela, até que um dia brotem do nosso seio as fontes inesgotáveis da vida divina.

Queiram vocês ou não, um dia serão obrigados a se preocupar com essa questão da vida. Pois, inconscientemente, é a ela que todos buscam, tanto os homens quanto as mulheres; e no fundo é só isso o que buscam. E a vida sempre está vinculada ao amor. Quando você ama alguém, tenta dar razões para o que sente. Mas, na realidade, não há explicação. Se você ama uma pessoa, é por causa da vida que emana dela, sob a forma de beleza, de bondade, de pureza, de inteligência, de paz etc. E viver também é o único remédio contra o tédio. Sim, a sensação de desgosto ou vazio sem causa que se apodera de tanta gente na Terra, levando-as a caminhos sem saída, decorre do fato de não saberem renovar a vida nelas mesmas: animam-se por algum tempo, depois de poucos instantes de efervescência começam a se entediar. Assim, se vocês quiserem ser amados e não entediar os outros, estejam vivos. E se também não quiserem entediar-se, busquem a vida por toda parte. Como podem ver, essa questão vai bem longe!

Se vocês me entenderam, daqui por diante irão deter-se a cada dia na palavra "vida", buscando-a e pedindo apenas ela, mas a vida purificada iluminada. Pois essa vida lhes dará todo o resto: inteligência, amor, paz, beleza, força.

Notas

1. Cf. *"Vous êtes des dieux"* [Vocês são deuses], Parte VIII, cap. 1: "La vie éternelle, c'est qu'ils Te connaissent, Toi, le seul vrai Dieu" ["A vida eterna é esta: que Te conheçam a Ti, como o único Deus verdadeiro"].
2. Cf. *"Cherchez le Royaume de Dieu et sa Justice"* [Procurai o Reino de Deus e sua Justiça], Parte III, cap. 5: "Respirer: s'accorder aux rythmes de l'univers" [Respirar: harmonizar-se com os ritmos do universo].

3. Cf. "*Vous êtes des dieux*" [Vocês são deuses], Parte VI, cap. 5: "Apprendre à manger pour apprendre à aimer" [Aprender a se alimentar para aprender a amar].
4. Op. cit., Parte IX, cap. 4: "Le corps de gloire" [O corpo de glória].
5. Op. cit., Parte III, cap. 4: "Le soleil, image de l'homme et image de Dieu" [O Sol, imagem do homem e de Deus].
6. Op. cit., Parte VII: "Les organes de la pratique spirituelle" [Os órgãos da prática espiritual].
7. Op. cit., Parte III, cap. 2: "L' Arbre de la Vie" [A Árvore da Vida], p. 175.

XIII

UM FILHO DE DEUS É IRMÃO
DE TODOS OS HOMENS

HÁ DOIS MIL anos a vinda de Jesus instaurou um estado de coisas no qual, pela primeira vez na história, os valores do amor, da bondade, do perdão, da paciência, da ternura, da humildade e do sacrifício foram postos em primeiro plano. E, ainda que até hoje a palavra de Jesus não tenha sido bem compreendida nem bem aplicada, bastou a luz fazer-se em alguns seres para que fosse transmitida através dos séculos. O amor ao próximo ensinado por Jesus, que decorre da verdade segundo a qual os seres humanos são filhos e filhas de um mesmo Pai, abriu caminhos à ideia de fraternidade.

Sob a forma de mitos, todas as religiões revelam de certa maneira a origem divina do homem. Mas em um ou outro momento da história insinuou-se em certas pessoas a convicção de que determinadas raças ou categorias de seres eram inferiores, e elas começaram a excluí-las ou oprimi-las. Veja, por exemplo, a ques-

172   O que é um filho de Deus?

tão das castas na Índia. Há milênios aqueles que nasciam na casta dos brâmanes eram automaticamente considerados superiores, e as funções sacerdotais eram confiadas a eles. Quanto aos que nasciam na classe dos párias, eram automaticamente considerados inferiores, tão inferiores que até pouco tempo, quando um pária ficava no caminho de um brâmane, devia afastar-se e manter-se à distância. Por quê? Porque a simples projeção de sua sombra sobre o brâmane seria suficiente para maculá-lo. Como se a Divina Providência fizesse com que as pessoas de grande elevação espiritual nascessem sempre em determinada classe social e os proscritos em outra! E, no entanto, às vezes é o contrário que acontece.

Se Jesus foi tão excepcional, é porque veio afirmar que, seja qual for a raça, a cultura ou a condição social, diante de Deus todos os seres humanos são, por essência, iguais. As desigualdades que constatamos são apenas superficiais e passageiras: suas qualidades físicas, intelectuais, morais, espirituais, os acontecimentos de sua existência, tudo aquilo que faz com que, neste ou naquele ponto, uns pareçam mais privilegiados que outros diz respeito apenas a um momento da evolução. Os seres humanos são irmãos e irmãs pela vida divina que flui neles, fazendo com que sejam também irmãos e irmãs de toda a criação.

Estudando os diferentes episódios da vida de Jesus relatados pelos Evangelhos, vemos que ele constan-

Um filho de Deus é irmão de todos os homens

temente derrubou barreiras, que abria seu coração e seus braços a todos que eram considerados desprezíveis, impuros ou inimigos. Ele não escolheu como discípulos homens instruídos ou influentes. Não se limitava a se comunicar no Templo com os doutores da Lei, mas percorria os caminhos para instruir as multidões e curar os doentes. Entrava nas casas das pessoas mais simples ou de má reputação para comer com elas, dizendo: "Não são os saudáveis que necessitam de médico, mas sim os enfermos." Deixava que as crianças se aproximassem dele, como evidencia o episódio em que seus discípulos, querendo afastar as que lhe haviam sido trazidas — sem dúvida pensavam que ele não tinha tempo a perder com crianças! —, foram repreendidos. E, sobretudo, contrariando a mentalidade da época, não considerava as mulheres como criaturas inferiores; não só as aceitava em seu círculo como manifestava por elas respeito, bondade e compaixão. Vejam como ele se dirigiu à Samaritana, como deu o exemplo com a "pecadora" que banhou seus pés com perfume, ou a maneira como salvou a mulher adúltera de ser apedrejada.

Ao contrário dos brâmanes ou dos fariseus, que se considerando uma elite desprezavam o povo, mantendo-o à distância, Jesus não temia contaminar-se com o contato das pessoas, mesmo que fossem consideradas impuras. Por quê? Porque Ele era realmente puro. Os seres de grande pureza sentem que podem ir

174 O QUE É UM FILHO DE DEUS?

a qualquer lugar e frequentar a casa de qualquer pessoa, não temem ser manchados pelos outros. Pois seu amor é mais forte que tudo. Amar alguém é reconhecer que existe um vínculo entre essa pessoa e nós, o que já basta para derrubar as barreiras que nos separam.

Jesus veio ensinar que nenhum ser humano deve ser discriminado ou oprimido em nome de leis inventadas por um punhado de pessoas que, invocando uma pretensa superioridade, arvoram-se o direito de controlar a vida dos outros. Para Jesus, a única lei válida era a lei do amor, a ponto de se insurgir contra o sabá, a proibição de qualquer forma de trabalho no sétimo dia da semana, sob o pretexto de que no sétimo dia da criação Deus descansou!

Essa lei era extremamente rigorosa, chegando a proibir alguém esfomeado de colher alimento. Podemos ver que Jesus não a respeita. Por exemplo, na passagem em que escandaliza os fariseus quando, num dia de sabá, permite aos seus discípulos famintos colher espigas de trigo para comê-las. E repreende a lei sabática assim: "Aprendei o que significa: misericórdia quero, não sacrifícios." No mesmo dia, ele cura na sinagoga um homem que tinha a mão seca, e explica seu gesto, dizendo: "O sabá foi feito por causa do homem, e não o homem por causa do sabá." Mas era demais para os fariseus: "E imediatamente", diz o Evangelho, "eles conspiraram contra ele sobre como o destruiriam."

Jesus teve a audácia de colocar, acima de tudo, o amor ao próximo, o respeito por essa vida que o homem recebeu de Deus, e teve de pagar essa audácia com a própria vida. Eis sobre o que os cristãos devem meditar, pois com o seu comportamento, e depois de dois mil anos de cristianismo, a maioria deles demonstra que não compreende Jesus melhor que os fariseus o compreendiam. Rejeitar um ser humano, desprezá-lo, humilhá-lo, é declarar que ele não é uma criatura de Deus, e ninguém tem o direito de declarar tal coisa, ninguém tem o direito de se colocar entre um ser humano e seu Pai celeste. Se alguém por sua própria vontade se distanciar do amor divino, naturalmente, é livre para fazê-lo, mas ninguém mais pode afastá-lo, ninguém tem o direito de separá-lo. Todos são recebidos na casa do Pai, mesmo os filhos que se desencaminharam, quando desejam sinceramente voltar são acolhidos, e o Pai celeste comemora seu retorno, como afirma Jesus na parábola do filho pródigo.

Jesus foi um verdadeiro revolucionário, pois quis revelar a todos, até mesmo aos mais simples dos homens, todos esses tesouros do Pai celeste que, até então, eram reservados a alguns, ainda que se mostrassem indignos disso. Ele quis abrir as portas do Reino de Deus para todos, porque até os mais humildes, os mais desprezados, os mais culpados são seus filhos e suas filhas; Ele pôs neles essa centelha, o espírito, que é uma parte Dele mesmo. É a presença dessa centelha que os faz participar da própria natureza de Deus. Se erram, se cometem crimes, merecem, naturalmente, ser não só repreendidos como punidos. Mas, ainda que seja uma obrigação tratá-los com severidade e mantê-los à distância, nunca se deve esquecer que existe neles, bem lá no fundo, um germe divino, e que esse germe divino deve ser respeitado e cultivado.[1] Nas humilhações sofridas por seus filhos, é Deus que se sente ofendido.

Quando se diz que todos os seres humanos são filhos e filhas do mesmo Pai e da mesma Mãe, não significa que são iguais, mas que são irmãos. Até mesmo em uma família somos obrigados a constatar que os irmãos e as irmãs não são todos iguais; as faculdades físicas, intelectuais, morais e espirituais não são iguais entre todos, mas o vínculo que existe entre eles deve compensar essas desigualdades. A palavra igualdade aparece no lema da França — "Liberdade, Igualdade, Fraternidade" —, mas na realidade não pode haver igualdade entre os seres humanos.

O fato de nascer em determinada época, em determinado país, numa família específica, de ter uma certa constituição física, de ser dotado ou não de certas qualidades — o que é determinado pelas encarnações anteriores — já estabelece as chances de sucesso dos indivíduos. Uma sociedade sempre pode trabalhar no sentido da igualdade, e é altamente desejável que o faça, mas as desigualdades persistirão: sempre haverá

UM FILHO DE DEUS É IRMÃO DE TODOS OS HOMENS   177

ricos e pobres, pessoas saudáveis e pessoas doentes, capazes e incapazes, sábios e tolos. A única maneira de remediar essas desigualdades é a consciência do vínculo fraterno entre todos os seres humanos.

Vocês dirão que a igualdade a que se refere o lema da França é a igualdade perante a lei. Sim, eu sei. Mas essa igualdade não é realizável. A lei é a mesma para todos, concordo, mas os cidadãos estarão igualmente munidos perante a lei? Não. E ainda que os governos tentem multiplicar o número de leis destinadas a corrigir essas desigualdades, nunca será suficiente. A verdadeira igualdade é irrealizável, e deverá sempre ser completada pela fraternidade.

Jamais haverá igualdade entre os seres humanos, pois eles nunca estarão colocados nas mesmas condições nem serão dotados das mesmas faculdades; portanto, são iguais apenas em dignidade, como filhos de Deus. E essa dignidade só pode ser entendida e sentida na medida em que eles são capazes de se considerar como irmãos uns dos outros: não só os mais privilegiados devem sentir-se irmãos dos mais destituídos, mas os mais destituídos também devem sentir que existe entre eles algo que os torna iguais aos maiores sábios, aos maiores gênios.

Os franceses se orgulham bastante do lema da República: "Liberdade, Igualdade, Fraternidade." Mas, queiram ou não, sejam crentes ou ateus, essa noção

178 O que é um filho de Deus?

de fraternidade lhes foi revelada pelo cristianismo. Naturalmente, antes de Jesus, sábios e Iniciados ensinavam o respeito e o amor ao próximo. Entre os mandamentos que Moisés disse ter recebido de Deus para os filhos de Israel, alguns já prenunciam o ensinamento de Jesus: "Não te vingarás nem guardarás ira... mas amarás o teu próximo como a ti mesmo." Mas eles ocupam um lugar tão pequeno em relação à infinidade das outras prescrições e castigos com que são ameaçados aqueles que cometem o mínimo erro! Na mesma época, Buda ensinava a benevolência para com todas as criaturas e a compaixão pelos imensos sofrimentos a que são submetidas ao longo de sua vida terrestre. Mas o sentimento de benevolência ou compaixão não é o sentimento de fraternidade, a consciência de pertencer a uma só e mesma família.

Em uma família, uma autêntica família, os laços que unem seus membros são tão fortes que o bem ou o mal feito a um deles é sentido por todos os outros como se eles próprios tivessem sido atingidos. Para realçar a realidade desse vínculo, Jesus não só dizia "Tudo o que vós quereis que os homens vos façam, fazei-o também vós a eles", mas também "Quando o fizestes a um destes meus pequeninos irmãos, a mim o fizestes". De fato, Jesus, como emanação de Cristo, identificado a Cristo Filho de Deus, existe em cada criatura e recebe tudo que os seres humanos fazem de bom ou de mau. E nós, como filhos e filhas de

Deus, devemos desenvolver nossa consciência, torná-la tão vasta que um dia possamos viver em todos os seres e sentir tão fortemente suas alegrias e suas dores que nada haverá de nos parecer mais importante no mundo do que contribuir para lhes fazer o bem, levar-lhes a luz e a paz.

Foi essa filosofia de Jesus, transmitida pelo cristianismo, que permitiu o desenvolvimento do sentimento de fraternidade no mundo ocidental. Mas a situação está longe de ser a ideal, e a Igreja não cumpriu corretamente sua missão. Não apenas ela se alinhou muitas vezes com os poderosos, como ainda, em meio a todos esses dogmas, toda essa hierarquia eclesiástica, todo o luxo de suas cerimônias, vocês acreditam que Jesus poderia reconhecer-se? Imaginem que ele venha à Terra em uma noite de Natal... Ele entraria por volta da meia-noite em igrejas magnificamente ornamentadas: veria padres, bispos e cardeais cobertos de adornos preciosos celebrando seu nascimento em um pobre estábulo, diante de uma multidão de pessoas que esperam o fim da missa para ir comer, beber e se divertir. E ao sair encontraria nas ruas uma quantidade de homens e mulheres sentindo fome e frio. Então, faço apenas esta pergunta: será que Jesus poderia reconhecer-se nesse cristianismo? Foi para isso que ele nasceu?

Assim, mesmo que dois mil anos de cristianismo tenham feito a humanidade progredir no ca-

180 O QUE É UM FILHO DE DEUS?

minho da fraternidade, na realidade o ensinamento de Jesus ainda não é verdadeiramente aplicado. Vocês dirão: "Mas é tão difícil considerar todos os homens como nossos irmãos!" Claro que é, eu nunca disse o contrário; é até a coisa mais difícil do mundo. Mas é também a que se tornou mais necessária. O progresso das ciências e da tecnologia proporciona aos homens meios cada vez mais eficazes de agir, manifestar-se, encontrar-se, e como somos cada vez mais numerosos — a população mundial, que no início do século XX não chegava a dois bilhões de indivíduos, logo estará alcançando os seis bilhões! —, se não nos esforçarmos por controlar nossas tendências egoístas, agressivas, e a sede de dominação, a existência será impossível.

As condições criadas pelos seres humanos é que obrigarão, eles próprios, a desenvolver sentimentos mais fraternos. Por enquanto, eles ainda não entenderam bem: os que podem prevalecer-se dos meios de produção postos à sua disposição ficam tão deslumbrados que não se perguntam se aquilo que consideram útil e benéfico para eles é também para os outros. Usam e abusam desses meios, estão sempre competindo para ver quem chega primeiro aqui ou ali, e se tornam cruéis, desumanos; se consideram campeões, heróis, e são admirados por ingênuos ou ignorantes, que querem imitá-los, sem se dar conta de que estão louvando monstros.

Precisamos hoje de outro tipo de heróis, mais adequados para o nosso tempo. O verdadeiro heroísmo é conseguir vencer o próprio egoísmo, os próprios preconceitos, a própria agressividade. Parece que a sociedade se tornou exclusivamente um lugar de competição: na política, no comércio, na indústria, no esporte e até nas artes... Só querem saber quem ficará em primeiro lugar, receberá o prêmio máximo, ganhará mais dinheiro, aquele que terá vendido mais automóveis, mais aparelhos, mais roupas ou mesmo mais livros ou discos. E os jornais, o rádio, a televisão, celebram todos esses prêmios, todas essas vitórias, todos esses sucessos. Mas o que representam esses sucessos? Uma ninharia! Quando será que os seres humanos entenderão que existem outros esforços a serem feitos, em outras esferas? Se empregassem simplesmente um décimo das energias empenhadas na obtenção de resultados no plano material, para conquistar um pouco mais de fraternidade, o mundo todo mudaria.

Enquanto não trabalhamos para a fraternidade universal, trabalhamos contra nós mesmos. Pois não desenvolvemos nossa verdadeira natureza, a de filhos de Deus, irmãos de todos. O homem vem à Terra para aprender a viver nela como um filho de Deus, e se através dessas diferentes atividades não se esforça por comportar-se corretamente com os outros para entendê-los, ajudá-los, apoiá-los, não só lhes dificulta

182 O QUE É UM FILHO DE DEUS?

a vida, como estraga a sua própria. Essa é uma verdade! Mas quem é que sabe o que veio fazer na Terra? Na maioria, ainda não entenderam que a Terra é uma escola, e se comportam como péssimos alunos; portanto, não receberão o diploma e terão de repetir a série. Enquanto isso, quanto desperdício de tempo e energia, e, sobretudo, quanto sofrimento!

Os homens se julgam civilizados porque vivem em sociedades regidas por leis cuja observância está a cargo de várias administrações. Mas não basta! Pois, apesar de suas leis, cada sociedade ainda parece uma selva. Os seres humanos serão verdadeiramente civilizados quando a moeda de troca entre eles for o amor. Não digo que seja necessário acabar com o dinheiro, pois se trata de um meio de troca cômodo. Mas é preciso que, cada vez mais, o amor seja a verdadeira moeda, não o amor como substituto do dinheiro — não sou ingênuo a ponto de achar que seja possível eliminar o dinheiro —, mas o amor acima do dinheiro. Sei que muitos dirão que é uma "utopia", o que aliás já me foi dito. Pois digam o que quiserem eu continuo afirmando que, para nossa salvação, é na direção desse ideal que devemos caminhar. Uma utopia? Então temos de dizer que Jesus era o maior utopista, e eu quero ser um, como ele.

Por exemplo, Jesus disse: "De graça recebestes, de graça dai." Que utopia! E, no entanto, para aquele que se der o trabalho de se aprofundar nessas palavras, nada poderia ser mais lógico. Nosso Pai celeste nos deu uma infinidade de bênçãos, a começar por nosso corpo físico, com todas as suas possibilidades, e, depois, todas as nossas faculdades intelectuais e espirituais, que podemos exercer livremente. E Ele também nos deu todo o universo que nos cerca, com sua beleza e suas riquezas. O que Lhe pagamos por tudo isto? Nada. E Ele não pede nada, exceto não desejar apoderar-se de tudo, não destruir, mas aprender a usar o que possuímos para ajudar nossos irmãos humanos.

"De graça recebestes, de graça dai." É antes de tudo a família que nos ensina o que significa dar gratuitamente. Os pais provêm todas as necessidades dos filhos; por eles, são capazes de privar-se, fazer sacrifícios, e os fazem de bom grado. Não esperam ser pagos por isso. Em compensação, esperam dos filhos que tenham uma boa atitude uns com os outros, que se mostrem compreensivos, afetuosos, dedicados, os mais vigorosos ou mais dotados ajudando aqueles que são menos, em vez de se aproveitar de suas vantagens para esmagá-los. Para os bons pais não há nada pior que ver os filhos puxar cada um a brasa para sua sardinha, em vez de se mostrarem conscientes do elo sagrado que os une.

O modelo de toda organização é nosso próprio organismo. O homem não pode inventar nada que já não exista na criação. Ele pode imitar, pode reproduzir, mas não pode inventar. O organismo humano já é, por si mesmo, um mundo organizado, construído com base nas leis do alto. Deve ser para toda a humanidade uma espécie de ponto de partida, o modelo de toda organização: a família, a sociedade, a nação e, mais além, o planeta inteiro.[2] Mas em geral as pessoas deixam aos biólogos e aos médicos a tarefa de pesquisar o organismo, descrevê-lo, cortá-lo, analisar seu funcionamento, eximindo-se de aprender as devidas lições. E, no entanto, toda a filosofia da vida está inscrita em nosso organismo.

Portanto, esse tipo de organização, cujo modelo é o nosso próprio organismo, deve ser aproveitado refletindo-se, em primeiro lugar, sobre a família. A família é um excelente exemplo de instituição divina, pois se trata também de um organismo que funciona, em grande medida, regulado pela lei da gratuidade. É essa gratuidade que determina sua unidade e sua harmonia. Evidentemente, existem famílias que parecem formadas por membros muito heterogêneos, como se fossem psíquica e espiritualmente de origens diversas, e efetivamente podem sê-lo. Se for esse o caso, não é tão estranho assim: eles estão juntos para aprender, justamente, as leis da gratuidade, isto é, as leis da paciência, da indulgência, do amor, do sacrifício. Pois quando falamos de gratuidade não se trata apenas de dinheiro.

Nada é mais fácil de entender que a ideia de fraternidade, mas também nada é mais difícil de realizar. Por isso, embora a família seja o modelo em que devemos nos inspirar, na realidade existem famílias e famílias. O sentimento dessa instituição do lar foi capaz de gerar em certos casos os atos mais nobres, mais generosos, mais desinteressados da história. No entanto, sob o teto doméstico as piores abominações são cometidas, não só pelos pais contra seus filhos e reciprocamente, mas também, e sobretudo, por irmãos e irmãs movidos, uns contra os outros, por sentimentos implacáveis de ciúme e ódio. Infelizmente, não basta ter nascido do mesmo pai e da mesma mãe para sentir a necessidade de se compreender e se ajudar mutuamente. E o que se aplica ao mundo físico aplica-se igualmente ao mundo divino: não basta dizer aos seres humanos que são todos filhos e filhas de um Pai e de uma Mãe celestes para que eles passem a se entender e se amar.

Na maior parte das vezes, o que foram as religiões? Não só famílias que se combatiam, cada uma delas pretendendo ser dona da verdade, ou seja, a única herdeira legítima do Pai celeste, como ainda, dentro de cada religião, quantos conflitos, quantas injustiças! Como se coubesse aos seres humanos decretar quem é filho de Deus e quem não é! Você dirá que hoje em dia as pessoas são mais tolerantes em matéria de religião. Sim, e por quê? Porque a religião

186 O que é um filho de Deus?

tornou-se algo indiferente para muitos. Os próprios fiéis não se mostram dispostos a adotar um comportamento de abertura e compreensão. Mas o filho de Deus é aquele que encontra Deus na religião dos outros, pois Deus está na alma de todos os homens e mulheres, a partir do momento em que entendam que é lá, nas almas, que devem buscá-Lo.

Existem seres realmente habitados pelo divino, e isso é o que devemos sentir neles em vez de nos preocuparmos com a religião a que pertencem, pois onde estão esses seres, lá também está Deus. Quando as pessoas se enfrentam em nome da fé, é porque não possuem a verdadeira fé. Aquele que não reconhece Deus nos outros revela simplesmente que não soube encontrá-Lo em si mesmo. Portanto, todos os fiéis devem empreender esse trabalho interior, que os fará encontrar Deus, primeiro, em si mesmos, e assim, pouco a pouco, começarão a encontrá-Lo nos outros.

Só podem pretender ser filhos e filhas de Deus aqueles que, como Jesus, são capazes de ver igualmente filhos e filhas de Deus em todos os seres, vivenciando com relação a eles um sentimento de fraternidade. Até então, ainda que sejam chamados de cristãos, será na realidade apenas um rótulo, uma etiqueta. Vocês dirão: "Mas como cultivar sentimentos fraternos? Tantas coisas opõem e dividem os seres humanos!" Sim, e elas continuarão a opô-los enquanto eles não forem capazes de encontrar a unidade nos planos superiores. É bem longe, bem lá no alto que eles devem buscar um campo de entendimento, libertando-se de seus preconceitos, de seus pontos de vista limitados, parciais, egocêntricos.

Não se espantem se lhes digo que para compreender a ideia de fraternidade é necessário refletir sobre os conceitos de análise e síntese. O que é a análise? A separação de elementos que formavam anteriormente um todo. E a síntese? A aproximação de elementos aparentemente sem relação, que se unem para criar a vida. E como é sempre a vida que devemos buscar, em nossas relações com os que nos rodeiam também existem certos elementos a serem descartados e outros, pelo contrário, a serem conservados, para juntá-los a outros e assim efetuar uma síntese, que poderá nos enriquecer e nos embelezar. Para isso não se pode ser negligente nem preguiçoso, mas apenas aceitar a prática de exercícios.

Quais exercícios? Não faltam, no dia a dia, oportunidades para ser importunado, irritado pelo comportamento desta ou daquela pessoa. Por isso ou por aquilo, os seres humanos estão sempre se importunando, se irritando e se exasperando mutuamente.[3] Pois bem, é nesse momento que se deve recorrer à análise. Usem seu intelecto e perguntem a ele se esse aborrecimento ou contrariedade que lhes vem desta ou daquela pessoa justifica alguma dedicação do

188 O QUE É UM FILHO DE DEUS?

seu tempo. Se seu intelecto for honesto, muitas vezes será obrigado a responder-lhes: "Não." E assim vocês poderão remover essa matéria pesada e escura que ameaçava esmagá-los.

Vocês sabem por experiência própria o que acontece quando sentimos decepção ou raiva: automaticamente, esse estado atrai a lembrança de todas as outras experiências negativas. Vocês ficam irritados com o comportamento de alguém: se aceitarem entregar-se a esse estado, vão se lembrar de todas as outras vezes em que o comportamento daquela pessoa pareceu-lhes insuportável. E não para por aí: vocês começam também a pensar em todas as outras pessoas que lhes são desagradáveis, antipáticas e até odiosas, acabando por ter a sensação de se afogarem, de sufocar, de não conseguir mais respirar. Isso é inteligente? O que se pode ganhar com essa atitude? É esse, então, o momento de aplicar o método da análise e afastar certos elementos.

E quando acontece uma coisa boa, é hora de aplicar o método da síntese. Mas o que fazem os seres humanos? Quando alguém lhes faz um favor, sendo gentil e amável, eles mal prestam atenção. O bem que lhes é feito é algo normal. Todos os sinais de amizade e de amor lhes são devidos, e imediatamente eles os esquecem. Acontece que é justamente isso que eles não deveriam esquecer, esforçando-se, pelo contrário, por fazer uma síntese; isto é, destacar cada coisa

UM FILHO DE DEUS É IRMÃO DE TODOS OS HOMENS   189

boa, associando-a não só a tudo que já lhes aconteceu de bom, da parte desta ou daquela pessoa, mas também a tudo que existe de bom no mundo.

Vocês sempre têm o direito de analisar o mal, ou seja, de desintegrá-lo, reduzi-lo a poeira, pois ele grudou em vocês para se alimentar. Essa análise representa a morte para o mal e a vida para vocês. Desse modo, a análise pode ser vivificante, quando nos separa de tudo que é negativo. Desligando-nos do mal, nos ligamos ao que é bom e belo, e eis a verdadeira síntese, que proporciona vida. A autêntica fraternidade começa no momento em que vocês entendem a maneira como a vida pode ser enriquecida pela vida de todos.

E vocês querem que eu lhes dê mais uma noção do que vem a ser a análise e a síntese? Imaginem-se, por exemplo, numa região de onde se descortina uma cadeia montanhosa. Ao admirarem a certa distância esse cenário, visto através de uma janela, ficam maravilhados com as formas que se recortam contra o céu e que, ao longo do ano e mesmo no decorrer de um dia, lhes aparecerão sob diferente aspectos e cores variadas. Agora, sintam-se transportados para uma encosta dessa montanha. O que poderão ver? Pedras, buracos, mato ressecado, líquen grudado nas rochas. O que é melhor, então: olhar de longe ou de perto?

Pois bem, essa imagem pode nos ajudar a entender qual é a melhor maneira de olhar os seres humanos.

190 O QUE É UM FILHO DE DEUS?

Vocês também devem olhá-los de longe, concentrando-se em seu espírito, como se fossem um cume muito alto, lá longe, na pureza e na luz. Pois esse cume é a imagem do seu ser real, do seu ser divino, com o qual eles conseguirão identificar-se um dia. É o que faço quando olho para vocês. Diante do espetáculo de todos esses cumes diante de mim eu me alegro e desejo vê-los diariamente, para ajudá-los a criar seu futuro de filhos e filhas de Deus: vocês talvez ainda não façam ideia, mas eu já o vejo. Se eu visse a todos vocês como são hoje, será que seria capaz de suportá-los? Não tenho certeza. E, quanto a vocês, se não aguentam uns aos outros, é que não sabem se ver projetados nesse futuro.

Eu sempre fico maravilhado com vocês, porque não é seu presente que eu vejo diante de mim, mas seu futuro. Onde ainda estão seus pensamentos, seus sentimentos, em torno de quê eles giram, o que vocês desejam, de que precisam... Se eu me detivesse nisso, talvez me desse vontade de pegar o chapéu e ir embora, para o fim do mundo. Sim, mas felizmente eu também vejo o seu futuro, a maneira como vocês conseguirão um dia fundir-se em sua natureza divina. Aí está o meu segredo. Se os seres humanos se confrontam e se separam, é porque se olham muito de perto. Pois é, temos aqui mais uma questão filosófica a ser aprofundada: aquilo que deve ser olhado de perto e aquilo que melhor compreendemos quando olhamos de longe.

Quando vemos os seres humanos muito de perto, somos levados a perceber apenas seus traços mais grosseiros, transformando-os em caricaturas. Inclusive, é o que acontece com aqueles que, em suas palavras, seus escritos, seus desenhos, seus espetáculos, sentem tanto prazer em caricaturar o próximo. Claro, de vez em quando podemos brincar um pouco, amavelmente, mas eles não o fazem de vez em quando, nem um pouco, nem amavelmente. Essa necessidade de mostrar os seres humanos mais feios, mais estúpidos e mais ridículos do que efetivamente são é um hábito extremamente pernicioso: com que direito eles aviltam a imagem de Deus? É assim que devemos tratar nossos irmãos e irmãs? Como é que essas pessoas não se dão conta de que estão vinculadas a eles, e que, maltratando-os, maltratam também alguma coisa em si mesmas?

Eu lhes falo, explico, e apesar de todas essas palavras e explicações não sei se ficarão convencidos. Mas o que sei é que nesse desejo de convencê-los, pelo menos uma pessoa consigo persuadir: eu.

Notas

1. Cf. "*Cherchez le Royaume de Dieu et sa Justice*" [Procurai o Reino de Deus e sua Justiça], Parte V, cap. 1, IV: "Retrou-

ver en chaque être l'image de Dieu" [Reencontrar em cada ser a imagem de Deus].

2. Op. cit., Parte VIII, cap. 3: "L'entrée dans la famille universelle" [A entrada na família universal].

3. Op. cit., Parte V, cap. 2: "Aimez vos ennemis" [Amai vossos inimigos].

XIV

POVOAR A TERRA COM FILHOS
E FILHAS DE DEUS

COMO JÁ VIMOS, água e um pouco de óleo na fronte no dia do batizado não bastante para tornar alguém cristão. Pois agora eu lhes digo que é bem antes do nascimento de seus filhos que os futuros pais devem preparar-se para trazer ao mundo filhos e filhas de Deus. Deveria até haver escolas para proporcionar esse ensinamento. Desde a adolescência, os rapazes e as moças seriam levados a se conscientizar de que o homem e a mulher representam na Terra os Princípios cósmicos masculino e feminino que dão origem à vida.[1] Aprenderiam, sobretudo, que são esses órgãos através dos quais a vida se perpetua, e como considerá-los a fim de se tornarem verdadeiros transmissores da vida divina.

Nem quero falar aqui do que os seres humanos fazem com os órgãos genitais: usam-nos como instrumentos de tudo quanto é excesso, de todo tipo de perversões, de todas as crueldades. Como é que não

194 O QUE É UM FILHO DE DEUS?

percebem as consequências deploráveis dessas práticas, e os inúmeros desequilíbrios físicos e, sobretudo, os psíquicos, que elas provocam neles mesmos e nos outros? Pois o homem inteiro, seu ser físico, psíquico e espiritual, tem um vínculo com esses órgãos. O Criador não os deu aos seres humanos para que brinquem com eles. Ele pôs em cada homem, em cada mulher, a possibilidade não só de garantir a perpetuação da espécie, mas de se elevar para participar da vida divina e transmitir essa vida.

A Igreja nunca quis ou nunca soube de fato falar corretamente sobre esse assunto. Para começar, desvinculou Jesus da condição humana, declarando que nascera por intervenção do Espírito Santo, de uma virgem que teria sido preservada do pecado original. Assim sendo, que significado pode ter para os seres humanos um ensinamento da vida trazido por um ser que, por essência, participa de uma existência diferente da sua? Toda a questão tão essencial do amor e da sexualidade fica velada, obscurecida, e a própria palavra "pureza" só pode ser entendida de forma muito estreita, com todo tipo de consequências catastróficas não só para os fiéis, mas também para os próprio membros do clero e todos os religiosos e religiosas nos conventos!

Como não ver que a pureza, tal como é ensinada aos cristãos, não passa de uma inimiga da vida? Acontece que a vida se defende. E caso se tente repri-

POVOAR A TERRA COM FILHOS E FILHAS DE DEUS   195

mir a vida sexual, em vez de compreender por que e como ela pode ser canalizada, é evidente que um dia acontecem fenômenos análogos ao rompimento de uma barragem. E não é de se estranhar que esse "rompimento" acarrete toda sorte de excessos, levando homens e mulheres a cometer atos insensatos, criminosos.

Você dirá que é cada vez menor o número de pessoas que se submetem às diretrizes da Igreja! Eu sei, é claro, mas o que acontece hoje em dia não é muito melhor. A maioria dos homens e das mulheres quer levar a vida como bem entende, e, no que diz respeito à vida sexual, não aceitam nenhuma regra, nenhum conselho. Liberdade total! Eles acham que as recomendações feitas pelos sábios e Iniciados têm o objetivo de impedi-los de viver. Não, esse domínio, esse controle dos instintos recomendado pelos sábios tem como único objetivo levar os seres humanos a buscar melhores manifestações da vida, para vivenciar alegrias mais sutis.

Jesus dizia: "Estreita é a porta e apertado o caminho que conduz à vida." E é particularmente no terreno do amor que essas palavras se revelam verdadeiras. Mas, como os seres humanos não querem nem instruir-se nem se esforçar, continuam a manifestar o amor de tal maneira que esgotam suas energias mais sutis e até mesmo o gosto pela vida. Querem viver e se impedem de viver. Celebram o amor, cantam o amor,

196 O QUE É UM FILHO DE DEUS?

inclusive, como a coisa mais importante do mundo, mas dão um jeito de estragar sua vida por meio desse amor. Não entenderam que amar é proteger, enriquecer e embelezar a vida em si mesmo e nos outros.

Se os homens e as mulheres soubessem verdadeiramente viver o amor, seriam salvos, pois isso lhes traria tantas bênçãos, tal plenitude, que todos os outros problemas lhes pareceriam irrisórios. Eles se dedicariam apenas a viver, existindo com base no seu amor. Há quem me censure por impedir os homens e as mulheres de se amarem. Para começo de conversa, como é que eu poderia impedi-los? Mandando guardas para tomar conta deles?... Eu não proíbo nada, apenas aconselho. Eles fazem o que querem. Entretanto, quando vêm me contar o quanto se decepcionaram e se tornaram infelizes, anos depois de terem feito o que fizeram, o que devo dizer a eles?

Os seres humanos têm liberdade para recusar qualquer limitação, mas a natureza é implacável, e aquele que infringe suas leis sofre as consequências de um jeito ou de outro. Eles pensam que poderão ser mais fortes que a natureza, que a medicina sempre encontrará remédios para tratar das doenças que tiverem. Claro, a natureza é rica e generosa, e, ao mesmo tempo que contém os germes das doenças, contém também os meios de curá-las. Mas se os seres humanos não são sensatos, dão aos germes nocivos possibilidades de se desenvolver, de ocupar o terreno,

POVOAR A TERRA COM FILHOS E FILHAS DE DEUS

e limitam a eficácia dos elementos que poderiam ser benéficos.

Alguns dirão: "Mas a ciência faz tantos progressos, é seu dever..." A ciência não tem dever algum, ou, melhor falando, suas possibilidades são limitadas. Quaisquer que sejam seus avanços, ela é impotente diante da má vontade dos homens quando se recusam a reconhecer as leis da natureza e agem como bem entendem. Então, cuidado, quanto mais as ciências e a tecnologia progredirem, maior será o nosso dever de mostrar-nos conscientes, atentos, vigilantes. O progresso traz muitas vantagens, muitas facilidades, mas traz, ao mesmo, tempo muitas tentações. E contar com os avanços da medicina para entregar-se a todos os caprichos e permitir-se todos os excessos resultará em catástrofe. A vida jamais se submeterá às vontades dos insensatos.

Não foi nem às orelhas, nem à boca, nem ao nariz, nem aos olhos, nem ao cérebro, nem ao coração que a natureza conferiu a faculdade de criar vida, mas aos órgãos genitais. Será que não vale a pena refletir sobre isso? E como nos comportamos com esses órgãos? Já falei sobre isso, e não quero repetir, de tão triste e lamentável que é. Admite-se que o cérebro possa dedicar-se a atividades nobres, mas os órgãos genitais!...

A educação da juventude em matéria de sexualidade devia consistir em algo mais que conselhos so-

198 O que é um filho de Deus?

bre os meios de contracepção e preservativos. Pois são apenas proteções físicas que não impedem os estragos psíquicos. Naturalmente, não sou pai nem mãe, e não tenho o direito de falar dessa maneira sobre certos temas; ou pelo menos alguns pensarão que não tenho esse direito. E tampouco sou um moralista, mas lhes falo cientificamente, filosoficamente; cabe a vocês decidir se querem ou não se beneficiar dessa luz, e já falei muito sobre esse assunto!

Por sentirem os perigos que ameaçam o futuro da humanidade, muitas pessoas dizem que sua maior preocupação é trabalhar pelos filhos, pelos netos e pelas gerações futuras. Então, já que desejam realmente trabalhar por eles, que pensem, antes de tudo, na maneira como trarão filhos ao mundo. Acreditem, é muito mais importante do que se preocupar tanto com as condições materiais em que viverão.

Quando vim da Bulgária, assim que senti que era capaz de me expressar suficientemente bem em francês para dar conferências, falei sobre os poderes conferidos aos homens, e sobretudo às mulheres, para contribuir com o progresso espiritual da espécie humana. A começar pela concepção dos filhos, para a qual devem preparar-se com muita antecedência; e depois há todo o trabalho que a mãe pode realizar durante a gestação.[2] Era 1938. Nessa época, ninguém se preocupava tanto com essa questão. Agora, é cada

Povoar a Terra com filhos e filhas de Deus 199

vez maior o número de médicos, psicólogos e parteiras que se interessam pelo que chamam de educação pré-natal. É um grande progresso admitir que já na barriga da mãe a criança é um ser consciente com o qual é possível relacionar-se. Só que não basta ter feito essa descoberta para que tudo fique bem entendido. Uma mãe pode, pelo pensamento, influenciar a criança que traz em si, mas em que sentido deve influenciá-la?

Ouvi falar de uma mulher que durante a gestação concentrou seus pensamentos e seus desejos para que o filho caminhasse e falasse muito antes do habitual. E já aos 7 meses a criança caminhava e falava como uma criança de 2 anos. O poder do pensamento e dos desejos é uma realidade, mas não é motivo para usá-lo sem discernimento! Não é bom querer mostrar a todos que se trouxe ao mundo um verdadeiro fenômeno, é até mesmo perigoso. Por que deveriam as crianças atravessar mais rapidamente as etapas estabelecidas pela natureza?

Se elas manifestam dons precoces, claro que devemos ajudar as crianças a desabrochar; mas não devemos desejar isso a qualquer preço. E, sobretudo, não se deve nunca forçar as crianças, pois talvez desenvolvam um lado extremamente bem, mas em detrimento de outras faculdades, e sofrerão graves lacunas. Inclusive, observou-se que seres verdadeiramente excepcionais foram, muitas vezes, crianças que se desenvolveram

200 O QUE É UM FILHO DE DEUS?

bem lentamente. Como se longos anos de maturação tivessem sido necessários para que elas dessem os melhores frutos.

Também existem, ao que parece, mulheres que gostariam de ter como pais de seus filhos grandes sábios, Prêmios Nobel... Pobres coitadas! Não é uma maneira sensata de encarar a questão da hereditariedade. Quantos Prêmios Nobel já tiveram filhos! Será que essas crianças eram todas tão bem-dotadas quanto os pais?

Cada vez mais descobriremos quais são os poderes psíquicos da mãe durante a gestação. Mas para evitar que sejam cometidos erros graves será necessário refletir quanto ao seu uso, caso contrário assistiremos ao nascimento de gerações de monstros. Não monstros em sua conformação física, mas monstros no plano psíquico: seres frios, dominadores, cruéis, cujo principal desejo será distinguir-se dos outros e impor-se a eles de todas as maneiras possíveis.

Embora os pais saibam que podem influenciar pelo pensamento a conformação física e psíquica dos filhos, inicialmente no momento da concepção e, depois, durante a gestação, o que devem pedir, acima de tudo, é que esses filhos sejam portadores do mais alto ideal de bondade, amor, fraternidade por todos os homens. Pouco importam as aptidões através das quais virá a manifestar-se esse ideal. O mais importante não é saber se eles serão artistas, cientistas, atletas, operários, agricultores, políticos ou bispos. Ao sonhar com sucesso e glória para os filhos, os pais nem sempre sabem as provações que lhes estão preparando. Ao passo que se desejarem para eles uma vida de filhos de Deus, de filhas de Deus, trabalham realmente pelo seu bem; pois quaisquer que sejam as dificuldades e provações que tiverem de enfrentar mais tarde, essas crianças estarão sob a proteção do Céu e se tornarão benfeitores da humanidade.

Quantos pais, quantas mães não se queixam de que seus filhos são preguiçosos, egoístas, ingratos, ruins! Mas quando lhes indicam os meios de ter uma criança dotada de grandes qualidades morais e que lhes proporcionará bênçãos, eles os negligenciam, preferindo desejar para o filho todas as condições de sucesso material, social. E no dia em que ele cometer desatinos, eles só poderão se lamentar. Será que isso é racional e inteligente?

As mulheres ainda não se dão conta suficiente de seu poder no que diz respeito ao futuro da humanidade. Elas são mais fortes que todos os meios materiais que estão constantemente sendo descobertos e postos à sua disposição! Sim, eis o que elas não sabem: o futuro da humanidade está em suas mãos. Durante os nove meses em que trazem o filho no ventre, elas têm o poder, pelo pensamento, pelo sentimento e com a ajuda do pai dessa criança, de criar

202 O que é um filho de Deus?

um ser que mais tarde, aonde quer que vá, levará a paz, a harmonia e a luz.

Toda vez que lhes falo, abro uma janela, amplio seus horizontes, para que possam um dia abraçar a imensidão. A vida é vasta, infinita, e vocês dispõem da eternidade para explorá-la. É por esse critério que avaliamos a importância de uma questão: pelo tempo necessário para resolvê-la. Qualquer uma que se resolva rapidamente não é uma questão essencial. As verdadeiramente essenciais confundem-se com a vida, e a vida não tem limites.

Notas

1. Cf. *"Cherchez le Royaume de Dieu et sa Justice"* [Procurai o Reino de Deus e sua Justiça], Parte VIII, cap. 2, I: "Éduquer les parents d'abord" [Educar os pais em primeiro lugar], cap. 2, II: "L'homme et la femme, reflets des deux principies masculin et féminin" [O homem e a mulher, reflexos dos princípios masculino e feminino], e cap. 2, III: "À la source divine de l'amour" [À origem divina do amor].

2. Op. cit., Parte VIII, cap. 2, IV: "L'essence solaire de l'énergie sexuelle – la conception des enfants – la gestation" [A essência solar da energia sexual — a concepção dos filhos — a gestação].

REFERÊNCIAS BÍBLICAS

"Aquele que beber da água que eu lhe der..." — João 4, 14 (p. 166).

"Aquele que crê em mim, esse também fará as obras que eu faço" — João 14, 12 (p. 98).

"Bem-aventurados os pacificadores" — Mateus 5, 9 (p. 91).

Ceia — p. 88-89.

- — "Fazei isto em minha memória" — Lucas 22, 19 (p. 89).

- — "Quem come a minha carne..." — João 6, 54 (p. 86).

- — "Tomai, comei, isto é o meu corpo..." — Marcos 14, 22 (p. 86).

"Criou Deus o homem à sua imagem" — Gênesis 1, 27 (p. 60).

Cura do homem com a mão seca — Marcos 2, 27 (p. 174).

"De graça recebestes, de graça dai" — Mateus 10, 8 (p. 182-183).

204 O QUE É UM FILHO DE DEUS?

"Deixa os mortos sepultar os seus próprios mortos" —
Mateus 8, 22 (p. 45).

"Deus amou o mundo de tal maneira que enviou o seu
Filho unigênito" — João 3, 16-17 (p. 57).

"Deus meu, por que me abandonaste?" — Mateus 27, 46
(p. 65, 68).

"Do seu seio correrão rios de água viva" — João 7, 38 (p. 165).

"E crescia Jesus em sabedoria" — Lucas 2, 52 (p. 58).

"E mostrou-me depois o rio puro da água da vida" —
Apocalipse 22, 1 (p. 168).

"Eis que o tenho posto por senhor" — Gênesis 27, 37 (p. 18).

Esaú cede a Jacó seu direito de primogenitura — Gênesis,
25, 27-34 (p. 16-18).

"Estou convosco todos os dias, até a consumação dos
séculos" — Mateus 28, 20 (p. 82).

"Estou farto dos holocaustos..." — Isaías 1, 11-15 (p. 38).

"Estreita é a porta..." — Mateus 7, 14 (p. 195).

"Eu e o Pai somos um" — João 10, 30 (p. 64, 68).

"Eu sou a luz do mundo" — João 8, 12 (p. 153).

"Eu sou o caminho..." — João 14, 6 (p. 151, 153, 166, 167).

"Eu vim para que tenham vida..." — João 10, 10 (p. 9, 10, 15).

"Eu, na verdade, vos batizo em água..." — Mateus 3, 11-12
(p. 124).

Referências bíblicas

Fariseus decidem matar Jesus — Marcos 3, 6 (p. 174).

"Fazer justiça e julgar com retidão é mais aceitável ao Senhor do que oferecer-lhe sacrifício" — Provérbios 21, 3 (p. 38).

"Filho meu, ouve a instrução de teu pai..." — Provérbios, 1, 8; 3, 1 (p. 126).

Herodes quer matar Jesus — Mateus 2, 1-18 (p. 58).

Jesus (ascensão de) — Atos dos Apóstolos 1, 1-9 (p. 61).

Jesus (batismo de) — Mateus 3, 13 (p. 63).

Jesus (circuncisão de) — Lucas 2, 21 (p. 25).

Jesus (transfiguração de) no monte Tabor — Mateus 17, 1-13 (p. 161).

Jesus acolhe as crianças — Marcos 10, 13 (p. 173).

Jesus conversa com os doutores da Lei — Lucas 2, 46 (p. 58).

Jesus ficando cheio de sabedoria — Lucas 2, 40 (p. 58).

Jesus no Jardim de Getsêmani — Lucas 22, 44 (p. 66, 150).

Jesus tentado pelo diabo — Mateus 4, 11 (p. 64, 66).

José de Arimateia — Mateus 27, 57 (p. 154).

Jovem rico — Mateus 19, 16-25 (p. 35).

Mammon — Lucas 16, 13 (p. 17).

Melkitsedek leva pão e vinho a Abraão — Gênesis 14, 18 (p. 89).

206   O que é um filho de Deus?

Melkitsedek, sacrificador do Altíssimo — Paulo, Epístola aos Hebreus 7, 1-4 (p. 79).

"Misericórdia quero" — Mateus 9, 13 (p. 174).

Moisés (recomendações) a respeito de:

    — **circuncisão** — Gênesis 17, 9-12 (p. 27).

    — **mulher** — Levítico 15, 19-31 (p. 30).

Mulher adúltera — João 8, 1-11 (p. 173).

Mulher que asperge perfume nos pés de Jesus — Lucas 7, 36-50 (p. 173).

"Não continueis a trazer ofertas vãs" — Isaías 7, 38 (p. 39).

"Não são os saudáveis que necessitam de médico..." — Mateus 9, 12 (p. 173).

"Não te vingarás" — Levítico 18, 19 (p. 178).

"Nasceu hoje, na cidade de Davi" — Lucas 2, 11 (p. 120).

"Nem ainda no mundo inteiro caberiam..." — João 21, 25 (p. 59).

"Ninguém vai ao Pai senão por mim" — João 14, 6 (p. 151).

"O Filho do homem sobre as nuvens..." — Mateus 24, 30; Apocalipse 1, 7 (p. 104).

"O que é nascido da carne é carne" — João 3, 6 (p. 70).

"Pai, nas tuas mãos entrego o meu espírito" — Lucas 23, 46 (p. 68).

"Pai, se este cálice não pode passar sem que eu o beba..." — Mateus 26, 42 (p. 66).

REFERÊNCIAS BÍBLICAS

Parábola do filho pródigo — Lucas 15, 11-31 (p. 175)

Parábola dos talentos — Mateus 25, 14-30 (p. 120).

Pedra que os construtores rejeitaram — Mateus 21, 42; Salmos 118, 22-23 (p. 53).

Prece dominical: "Pai nosso, que estás no Céu..." — Mateus 6, 9-13 (p. 59, 109).

"Quando o fizestes a um destes meus pequeninos irmãos..." — Mateus 25, 40 (p. 178).

"Quem quiser salvar a sua vida vai perdê-la" — Mateus 16, 24-27 (p. 38, 42).

Ressurreição da filha de Jairo — Marcos 5, 21-43 (p. 136)

Ressurreição de Lázaro — João 11, 1-44 (p. 136).

"Sabá foi feito por causa do homem" — Marcos 2, 27 (p. 174).

Samaritana (Jesus encontra a) — João 4, 6-27 (p. 173).

"Se alguém não nascer da água e do espírito" — João 3, 5 (p. 122).

"Se alguém tem sede, venha a mim..." — João 7, 37 (p. 165).

"Se és Filho de Deus, desce da cruz" — Mateus 27, 40 (p. 67).

"Se o grão de trigo caindo..." — João 12, 24 (p. 142).

"Sedes vós, pois perfeitos, como é perfeito o vosso Pai celeste" — Mateus 5, 48 (p. 98).

Templo reconstruído em três dias — João 2, 18-22 (p. 138).

"Tudo o que vós quereis que os homens vos façam..." — Mateus 7, 12 (p. 178).

Túmulo encontrado vazio pelos discípulos — Mateus 28, 1-7 (p. 137-140).

Vida é a luz dos homens — João 1, 4 (p. 33).

"Vida eterna é esta: que eles te conheçam..." — João 17, 1-3 (p. 156).

Este livro foi composto na tipologia Minion Pro,
em corpo 11,5/14,5, impresso em papel off-white 80g/m²,
no Sistema Cameron da Divisão Gráfica
da Distribuidora Record.